Educational Transformation in the Digital Age

数字时代的
教育转型

魏忠 / 著

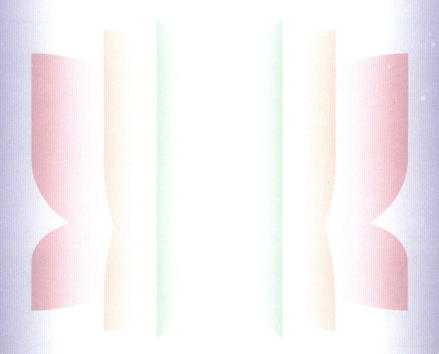

大夏书系 — 教育新思考

华东师范大学出版社
·上海·

图书在版编目（CIP）数据

数字时代的教育转型 / 魏忠著 .— 上海：华东师范大学出版社，2023
ISBN 978-7-5760-4114-9

I.①数… II.①魏… III.①教育工作—信息化
IV.① G43

中国国家版本馆 CIP 数据核字（2023）第 157644 号

大夏书系 | 教育新思考

数字时代的教育转型

著　　者	魏　忠
策划编辑	朱永通
责任编辑	韩贝多
责任校对	杨　坤
装帧设计	奇文云海・设计顾问

出版发行	华东师范大学出版社
社　　址	上海市中山北路 3663 号　邮编 200062
网　　址	www.ecnupress.com.cn
电　　话	021-60821666　行政传真 021-62572105
客服电话	021-62865537
邮购电话	021-62869887
地　　址	上海市中山北路 3663 号华东师范大学校内先锋路口
网　　店	http://hdsdcbs.tmall.com/

印 刷 者	北京汇林印务有限公司
开　　本	700×1000　16 开
印　　张	13
字　　数	191 千字
版　　次	2023 年 11 月第一版
印　　次	2025 年 7 月第三次
印　　数	10 101-11 100
书　　号	ISBN 978-7-5760-4114-9
定　　价	59.80 元

出 版 人　王　焰

（如发现本版图书有印订质量问题，请寄回本社市场部调换或电话 021-62865537 联系）

目 录 contents

序 言
数字化时代教育的自在、自由与自主　　001

前 言
这种伟大发明在教育上发生很多次　　007

第一章
数感空间的教育发现

01 技术驱动的四重教育变革　　003
02 数据为元，计算为链，认知第一　　012
03 教育数字化的大同世界　　016
04 教育还在原地张望，数字已去了远方　　019
05 消极型与积极型数字素养　　022
06 教育的耐力有氧过程　　027
07 基于建制的数字化生态与平台的教育系统分析　　031
08 通识、博物与数字觉悟　　035
09 智能时代教师如何做人工　　038
10 主观即教育，客观即智能　　042

第二章
数据驱动的教育智能

- **01** 教育好大一棵树 047
- **02** 教育建制的四对关系 053
- **03** 教育数字化下对关键少数的思考 057
- **04** 从 Analysis 到 Analytics 061
- **05** Computer 还是 Information？ 064
- **06** 从过程工业人才培养看人工智能教育 068
- **07** 知道"怎么知道"的历史，深度去学习"深度学习" 071
- **08** 人工智能与数字逻辑思维 080
- **09** 聚焦工具层的教育 084
- **10** 解脱教师压力，从去除信息垃圾开始 091

第三章
数码集成的教育生态

- **01** 从时空到计算：教育数字化创新 095
- **02** 教育的业务逻辑、数据逻辑与技术逻辑 099
- **03** 输入、输出、计算与应用 102
- **04** 地端融合、云端聚合、应用组合 109
- **05** 内卷、开放与数字融教育 113
- **06** 前台、中台、后台 118
- **07** 中台若水要自由 122
- **08** 数字教育产品化生态 125
- **09** 基于平台的教育业务分析 129
- **10** 教育数字化的低代码和教育业务的高代码时代 133

第四章

数字赋能的教育转型

01	教育的数字化转型的六个过程	139
02	从以教育为中心到以健学为中心	143
03	云端公共性、现代性和地端莎士比亚化	146
04	带着系统上路,教育数字化的运动哲学	150
05	数字化与教育双因素	155
06	服务于关键少数的数字化学习	158
07	在线上课,数字织网	161
08	学校的数字化转型的基础结构 ——技术系统、资源系统、战略系统	164
09	数字化的实验教学模式	168
10	教育数字化转型的步骤与支撑	174

后　记
教育为茧,学生为蛹,数字是光　　　　　　　　183

序　言

数字化时代教育的自在、自由与自主

魏忠老师的新书《数字时代的教育转型》即将付梓，希望我这个数字菜鸟给他写一篇序言，有点意外，但回头一想倒也在情理之中，毕竟我们之间有不少共同的话语。恭敬不如从命。

我与魏忠老师的网名都有个"行者"，后经邝红军老师牵线介绍才知道他是一位大学副教授、学者、数据技术方面的专家。我与他的合作应该是始于共同关注了一位教育名人，某个阶段媒体对此人很是吹捧，我凭直觉觉得不靠谱，他则通过数据技术分析指出了种种的不靠谱；我做了他的几个访谈，对数字技术对教育可能带来的改变不仅有了许许多多新的认识，更充满了期待。这些年，魏忠陆陆续续出了不少数字技术与教育的书籍，如《教育正悄悄发生一场革命》《教育正悄悄发生一场怎样的革命》《静悄悄的教育变革》《智能时代的教育智慧》等，在业内产生的影响是有目共睹的。与魏忠老师交往多了，我慢慢觉得他是这样一位"行者"——在数字技术、古今哲学、教育生活与现实生活之间自由穿梭的"行者"。

在这本书里,魏忠老师一以贯之地认为,"数字化是一种文明。既然数学都是不完备和不完美的,那么数学是一种发明还是发现也就不会有定论,作为文明主体的人的意识和作为客体的计算就可以形成一种'二进制般'的交互关系;大数据、物联网、人工智能成为数字时代的三驾马车;万事万物皆数字,使得数据成为一种资产、资本和基座;计算与意识成为从个体到组织的元认知,深入到文明的每个单元。"

我的理解是数字化的文明为人类提供了更多的便利和效率。在现代社会中,我们可以通过数字技术实现即时通讯、在线支付、智能家居等,这些都大大方便了我们的生活。此外,数字化也使得信息传递更加容易和迅速。通过互联网,人们可以随时随地获取海量信息,这不仅有助于人们拓宽视野、增加知识储备,也为社会发展带来了巨大的动力,更给教育带来了无限的机遇。

魏老师在这本书的前言里说,数字化时代,要"完成从以教育为中心走向以健康学习为中心、从云端的公共标准化走向真实生活的莎士比亚剧场化、从带着目标上路走向带着系统上路、从围绕宏观叙事的教育目标走向围绕关键少数的核心突破、从在线上课走向教研织网,教育数字化的实质体现从人到世界的融合认知:形象展现抽象、虚拟指导现实,从纯数字化回到实体的实验室,从模拟到虚拟、仿真,再到数字孪生,完成工具层与逻辑层的'教育元宇宙'的搭建与'学习元认知'的迭代"。

是不是可以这么理解——以健康学习为中心,强调学习者的主体地位,注重其自我认知、自我管理和自我调节能力的培养;从云端的标准化走向莎士比亚剧场化,说的是将教育还原到真实生活中,让学习更加生动有趣;从带着目标上路走向带着系统上路,是要求教育过程的系统性和连续性,将不同阶段的学习内容联系起来;从宏观叙事走向围绕关键少数的核心突破,则要求教育实践注重针对关键少数人群的深度发展,而非对整个人群进行笼统的宏观规划;从在线上课走向教研织网,涉及网络技术在教育领域中的应用,包括线上课程和资源共享平台等方面;教育数字化的融合认知需要教育者认识到数字技术的教育辅助作用,例如利用虚拟现实等技术提供更直观、更生动的学习方式;教育元宇宙的搭建和学习元认知的迭代,强调的是通过建立教育元宇宙,让学习更加个性化和有针对性,同时要认识到,不断迭代学习元认知,让学生能够更好地控制自己的思维过程。

魏忠老师认为,教育存在着"以国家为主要出资人的教育治理主体、以教师为主要承担人的教学活动主体、以学生学习兴趣和期望为核心的学生主体"的"不可能三角","长达千年的成熟系统,往往用分工与默认选择在宏观上避免了不可能三角的矛盾。然而,随着教育意识的个性化觉醒、教育期待的多元化和动态变化,再加上整个社会的格局迅速变化,传统的上述三种主体的矛盾日益突出,而数字化不能说解决了这些问题,但是可以通过更加灵活的配置和动态调整,对其进行柔性高效地适应和改善,或者更加明确地提示边界和可能,减少误会"。

他指出:"在教育中支持教育治理、教学活动、学习活动,无论是完全的传统教育,还是基于一般信息化的管理,都面临一个'不可能三角':在教育治理、教学管理、学习创新方面永远只能做好其中两个方面,学习者的感受和教学气氛好了,教育治理就会出现很多失控的问题,而教学管理与教育治理走上了轨道,学习者的个性与创新就受到很大伤害,也即是我们常常说的,优秀是卓越的大敌。"问题是长期以来我们一直未能找到如何解决这种不可能的路径。但现如今"数字化平台和系统有可能改善以上这种情况,将更加概念化的分类管理下放层级，一个学习者不一定非要过早明确自己的职业定位，可以在数字化平台上清晰边界和明确自己的选择，可以在更大的数字世界中找到同类，使得教育治理和教育管理更加集约运行的同时能够满足学习者的小众需求"。

我的理解是，数字化时代的教育，带来了更多的管理自在、教学自由和学习自主。通过数字化技术，可以实现教育资源共享和线上管理，减少人力和物力浪费。同时，数字化时代的数据分析和信息汇总也为教育管理提供了更多的科学依据。数字化时代的教育使得教学不再受限于时间和空间，教师们可以选择更加灵活多样的授课方式，同时也能够根据不同学生的需求进行个性化辅导。更为重要的是，数字化技术为学习者提供了更多积极参与互动式学习环境的机会，使得学习可以随时随地发生。学习者不仅可以获得更加广泛丰富的信息资源，而且可以便捷地获得最前沿的知识，还可以根据个人兴趣和特点进行选择和组织，实现更为远大的抱负，为人类创造更为美好的教育生活。

但是，我们需要认识到的是，数字技术是建立在人类已有认知基础上的，其处理问题的方式是利用计算机和算法来分析、处理和解决现实世界的各种现实问题的，而且它会在不断"试错"中给人们一个比较满意甚至是十分满意的方案。虽然未来人们可以开发出高性能的数字人，但它终究只能是"类人"，不可能有思想。数字化时代的教育转型需要我们思考的是数字化时代人的价值在哪里，教育如何容错，甚至鼓励犯错，毕竟所有的创造都是从试错中过来的，人的试错与智能机器人的试错的不同就在于人的试错过程中还有情感、直觉、创造力以及道德价值观等复杂因素参与其间。教育从业人员更多需要思考的是"个体的尊严与技术工具的强大如何实现平衡发展"。

不管怎么说，数字时代的教育让管理者、教师、学生都拥有了更大的决策权和发言权,在这种共建共享、协同合作的新型智慧社区中,各方将能够释放出更多创造力和活力。这大概就是这本书所说的"转型",这就是数字时代的教育优势,如何发挥这样的优势,需要更多的教师成为具备基本数字素养的终身学习者。

最后我想说的是,读者们要读懂魏老师这本书,除了需要相应的数字素养,可能还要有一点哲学思考。否则,则可能因"读不下去"而放弃阅读。

其实魏老师是一个长于讲故事的人,读懂了他提及的故事,也就读懂了他的哲学思考。问题是因为我们读书太少,很难透过他引入的故事搞明白他究竟要表达的意思是什么。

凌宗伟

2023年5月15日草就于嗜书斋

2023年7月19日修改于中山陵下

前　言
这种伟大发明
在教育上发生很多次

从 2003 年到 2019 年，针对大数据对教育的变革，我陆续写了《教育正悄悄发生一场革命》《教育正悄悄发生一场怎样的革命》《静悄悄的教育变革》《智能时代的教育智慧》。从 2012 年我在卡内基梅隆大学见证了教育大数据变革的起点，到如今自己对其的理解渐次深入，完成的四本书分别围绕着"云地交融，被技术变革的教育""信息蝶变，从教育设计到设计教育""场景再造，从学习空间到创造空间""器道重构，智能时代的教育智慧"。新冠疫情这几年，我完全没有了写作计划，也没有编辑部不断地专栏催稿，却由于多数时间居家，对于数字化教育有了更加切肤的感受。后疫情时代能否回到过去？事实上，从 2013 年开始的大数据、物联网、云、人工智能的积累，逐渐使我看清了一个问题——随着信息化进入到后半场，给全球带来的变化远不是用一个时代能够定义的，这是一个文明的变化，这种变化从认知层到工具层，再到平台层，最后弥散到最小的单元与基因，变成一种文明。非常巧，《教育正悄悄发生一场革命》的启发来自于与涂子沛在我家书房里面讨论他那本名叫《大数据》的书。书房的名称叫"蜷巢"，那个时候我写了《教育正悄悄发生一场革命》，后来他回国写了《数文明》。经过十年，我用四本书介绍了四种数文明——大数据、物联网、云、人工智能，见证了数字文明与教育变革。2020年，我以为新冠疫情就要过去了，又一波疫情来袭，我又被"禁足"在家里。也许"蜷巢"与"禁足"，就是为了写这本书。在2022年5月，我终于完成了这本书，也许是数字化让我重新燃起了对自由的渴望和对物质世界的思考。

能够代表一种文明的伟大发明，有一个显著的特征，即这种伟大发明要被发明很多次。第一次是发现原理，理解它；第二次是用于生活，应用它；第三次是大规模应用，推广它；第四次是与其他发明结合，辐射它。最后，这种伟大发明会深刻嵌入人类社会成为其他发明的根基。

回顾人类历史，我们可以看到游牧文明、农耕文明、工业文明。如今，我们迈入信息时代，信息化发展到现在，把信息化、智能化、数字化称为数字文明一点也不唐突。

发现家畜可以驯化繁衍，是游牧文明的第一次发明；第二次发明产生了育种与游牧；第三次发明产生了部落组织保护领地；第四次发明产生了首领、英雄主义与服从关系。

种子在老鼠的筛选下有了更为可靠的产量，人们发现了农业；第二次发明产生了不同植物、动物的育种方法；第三次发明产生了灌溉、城邦以及水利节气的复杂配套系统；第四次发明产生了全世界高度发达的农耕文明所必须具备的男耕女织、三从四德的礼教文明。

能量与运动的规律启发人类走出中世纪，带来了新的文明的曙光；蒸汽机与发电机的发明正式将人类的力量推动到一个新的高度；建立在城市文明和教育制度基础上的社会分工体系，支撑起工业文明的高度；标准化与自动化深入到社会和人们的生活单元和点滴，这是工业文明的最终表现。

信息论、控制论、系统论、信息经济学使得人们发现了世界更加柔性的内在规律和社会运行的机制；通信、计算机、网络让世界变成一个所谓的"村"；集成电路、全球化让信息要素以摩尔定律增长；STEM（科学、技术、工程、数学）成为这个时代最小单元的全量 DNA。

有理由相信，数字化是一种文明。既然数学都是不完备和不完美的，那么数学是一种发明还是发现也就不会有定论，作为文明主体的人的意识和作为客体的计算就可以形成一种"二进制般"的交互关系；大数据、物联网、人工智能成为数字时代的三驾马车；万事万物皆数字，使得数据成为一种资产、资本和基座；计算与意识成为从个体到组织的元认知，深入到文明的每个单元。

作为文明的基石的教育，正在静悄悄地发生四个层次的变革。

第一层次，数字化帮助教育发现原因，将教育与学习理解成数感与计算，回答了很多纠缠态"之问"。

关于教育，是技术驱动还是业务驱动，是内在驱动还是环境驱动，是经验驱动还是内驱使能，一直有不同的争论。围绕这种争论，诞生了一体两面的现象：教育与学习、消极与积极、内卷与开放、现实与未来、短期与长期、速度与耐力、刚性与柔性、建制与单元……在工业时代、信息时代，这些都是一个个难解"之问"，总括起来就是："为什么信息技术在各行各业产生巨大的变化，而教育却原地踏步？"

原地踏步的不仅仅是教育，文化的意识形态也很难说信息化规定往哪里走就往哪里走。数字化只能解决数字化本身的问题，如果说《今日简史》认为意识和计算原本就是两回事，那么教育与学习原本也就是两回事。如果把教育与学习理解成数感与计算，那么纠缠之问也就有了清晰的"二进制"关系的答案：大量的教育的统计、计算、信息问题和学习的工具、资源、客体问题都可以用计算替代，而组织行为、个体动力、偏好执念，则都是数感问题。既然数学都是不完美的、不完备的，那么人与组织更是需要设置很多不可变的作为生命的基本权益和受教育主体的"权利公理"。

第二层次，发明工具，将应用与接口外包给数据与引擎，智慧的归智慧，智能的归智能。

技术时代的一个显著特点是这个时代工具化的应用使得同一个行业由于掌握工具的不同而更加隔行如隔山，工业时代的电器工程师与建筑工程师的区别远远大于电器工程师与养殖工程师的原因在于生产工具。同样地，大数据、物联网、人工智能所带来的围绕数据驱动的工具，使得效率大大得到提高的同时，教育数字化与企业数字化隔行如隔山，企业信息化与军事信息化隔行如隔山。虽然内在的引擎非常相似，然而接口与底层业务逻辑以及知识库、算法库、方案库、资源库完全不同。这种情况下，智慧的事情交给懂业务的人去驱动与发起，智能的事情交给数据和库去积累和迭代。

第三层次，发布平台，将交互与管控集成于模块与生态，造桥与造岛同样造就美丽的风景。

有多少致力于解决教育信息化孤岛现象的人，就会造成多少教育与学习此路不通的收费站。无数的教育计划着用"致命的自负"来统管学习、计划创新，其结果一定是哈耶克所说的：

"决不相信健康的学习可以被集中管理和科学规划。"

"决不相信教育职能管理可以控制对非教育核心扩张的贪婪。"

"决不相信教育专家可恶意发现绝对的创新与学习的真理。"

拿教育中最典型的信息办以及演进历史做例子,从远程教育到现代教育,再到网络教育、云课堂、人工智能教育,试图用工具化来提高和替代教育的措施,最终只有两个结论:一是减轻了教育管理者的重复劳动,二是增加了对非主业和地信息的合理流动的管控。原本旨在打通孤岛的管理手段,变成了限制新岛诞生的瞭望塔。其实,岛与桥都是美丽的风景,岛自然产生,桥随愿望而生,只要把教育下沉到学习,支持学习,就会将教育集中在平台与管控,从而使学习成为支持的模块与生态。教育平台越来越强大、成本越来越低廉、支持越来越集中,而学习越来越个性、越来越灵活、越来越高效。

把教育管理和传统的信息化从成本中心变成支持中心,就需要对物联网、互联网、局域网进行平台化和透明化升级,从环境进化为计算;把用户前台、管理中台、开发后台做成针对完全不同的群体的平台;把数据中心、资源中心、业务建制模型中心变成标准的接口库。以上的转型,就是要围绕数字化魔方内核,转动三网、三平台、三中心的立方体,灵活组合,边界由设计者规划,而变化随用户之手而动。

第四层次,发挥活力,将创新与个性嵌入单元与基因,让辐射与稳态伴随成长自然发生。

韩愈认为教育有三个目标——传道、授业、解惑,用现代教育思想泛化解读一下,就是围绕数字化的"技能、知识、体验"。也就是说,针对未来数字文明的就业与适应社会掌握数字化的技能与工具有思维的底线要求,掌握业已成型的为未来准备的高价值高密度的经过筛选的知识的能量平衡供给,在终身学习或者最花样的年华满足和支持作为智人独有的以意识为满足目标的不断增长的精神要求。

机器学习与人工智能不同于以往的数据模型理论，将实验科学、理论科学、计算科学升级为数据密集型社会计算。这种计算的特点是无本质、无中心、无本真概念，即"凡是使用语言与概念，真理就是个伪命题"。在第四层次的创新中，人类群体的组织和作为人的教育的主体，其特点就是有创新与意识，其数字化的表象就是数感与计算的交互，其任何对于个体和群体概念的定义都来源于永远测不准却真实存在的动态的由自身组成的超级有机体。这种超级有机体维持结构的暂时稳定可以用教育的茧房来支持，而创新的元素原本就嵌入在每个单元的基因中，它们充满辐射、活力，却又不安生。教育就是要提供一种平衡的物质与能量供给，使得创新在稳态中生长，从一个平台态走向另外一个平衡态。

这种平衡态的转型，就是完成从以教育为中心走向以健康学习为中心、从云端的公共标准化走向真实生活的莎士比亚剧场化、从带着目标上路走向带着系统上路、从围绕宏观叙事的教育目标走向围绕关键少数的核心突破、从在线上课走向教研织网，教育数字化的实质体现从人到世界的融合认知：形象展现抽象、虚拟指导现实，从纯数字化回到实体的实验室，从模拟到虚拟、仿真，再到数字孪生，完成工具层与逻辑层的"教育元宇宙"的搭建与"学习元认知"的迭代。

第一章

数感空间的教育发现

人无天眼。
土为周天,木为岁年;
取整是甲子,耳顺一循环。

地无常态。
日为一天,月刻缺圆;
斗柄明四季,节气预冷暖。

知无镜面。
心跳为瞬间,举案悦容颜;
理智端骨架,激素催五官。

以宇宙、日月、天地、心跳为参照物，形成了与生物体相对应的信息系统，这个信息系统经历漫长的演化，有了归纳、演绎、实证、批判等数据密集型社会发现的各种方法。单体个人通过漫长的演化而形成智慧的生命体是生而有之的基因起作用，同时不断以参照物为坐标，社会群体通过语言文字和信息存在形成教育系统。生命的激素与人类的知识共同构成了不断矛盾与演化的学习方式。在科技发达的人工智能与数字时代，人的主体的意识越来越不同于客体的计算而存在，意识与计算的交集是数感，数感空间下重新看待教育，会有一番完全不同于客观世界的人因工程（human fact engineering）的教育发现。数字化使得教育的第一次创新发生于教育的宏大叙事转向学习的个体感知，从一粒尘埃的数感导向，看待个体学习的意义。

01 技术驱动的四重教育变革

2012年到2014年,我在美国卡内基梅隆大学访学,那是中美关系较为缓和的时期,即使是那个时期,由美国军方资助的顶级计算机实验室对中国学者的防范也是很严格的。在接受"安全教育"后,我决定不进实验室,将全部的精力用在考察美国教育上。正巧赶上美国在线教育热潮和社交网络高峰,于是我带着"技术驱动教育变革"这个议题在美国40多所大学和20多所基础教育机构考察,并出版了《教育正悄悄发生一场革命》一书。后续七年中,我又接连出版了《教育正悄悄发生一场怎样的革命》《静悄悄的教育变革》《智能时代的教育智慧》。这四本书总体来讲是从四个角度来看待技术驱动的教育变革的,可我在写书的过程中并没有意识到这个问题。2020年新冠疫情时期,教育革命的未来已来,很多读者重拾《教育正悄悄发生一场革命》一书,我也

过去十年的四个教育观察

试着以现在的角度梳理技术驱动教育变革的思路。这四本书互有穿插，但总体上是四个内容，总结起来为四重变革：云地融合、信息蝶变、场景再造、器道重构。

云地融合

由于互联网、云技术、大数据、人工智能等技术的推动作用，原有的教育中的家校、年级、社会、信息的流动产生了巨大的变化，信息一方面以爆炸性的信道冲击着传统的教育与校园，另一方面又重整着教育和学习的逻辑。传统时期，教育者付出的重复劳动和管理不再具有核心价值，而过去非常重要但却没有时间去深入实践的内容反而显得非常急迫。

最近 30 年，教育技术名词更新得很快，其中包括电教、现代教育、多媒体教育、在线教育、大数据教育、人工智能教育、STEM 教育、走班制、创客教育、虚拟仿真教学、VR 教学、微课、慕课、金课、网课等，技术总是捉弄着原地张望的人，而我们则需要了解这些名词的内在本质与变化的缘由。

> 互联网带来的变化：注意力转向短刺激、强刺激；知识体系转向非结构；知识架构转向碎片化；吸引力转向横向传递。由于互联网的分离，人们开始意识到，对上课来讲，教师的反馈、学生回答问题出错的窘相，以及一个玩笑带来的哄堂大笑，对知识本身毫无用处，但对学习却至关重要。

> 云技术带来的变化：融合中台与前台，融合校内与校外，融合 C 端与 B 端，融合软件与硬件，融合实体与虚拟，融合过程与状态。云技术打破隔离，也使得服务于教育机构的技术公司产生了平台寡头，应警觉和控制应用垄断，进而造成教育服务的生态重构。

> 大数据带来的变化：人类的学习方式发生了根本性变化；教师与教学机构的作用要重新定位；信息过载带来的"信道危机"的分歧，使得教育界的各种力量需重新"洗牌"。大数据既会带来个性化，又会带来大众定位、小众立场

成熟度模型

级别	环境和部署	流程管理	配置管理	构建和持续集成	开发测试质量	运维监控和度量
原始阶段	纯手工过程部署软件系统，配置频繁部署，过程不可靠。	流程流转靠人的经验管理来完成。	部分文件使用版本控制，签入代码不频繁。	纯手工方式构建，缺少管理和报告。	手工测试。	人工监控为主，自动监控为辅。
基础阶段	自动化部署到某些环境，创建一套新环境比较简单快捷，过程相对可靠。	需求、开发、运维之间交换有规范，不存在信息遗漏。	所有构建软件系统所需的东西都纳入版本控制，包括源代码、配置、构建脚本、部署脚本、数据库脚本等。	定时或人工触发自动化构建。	部分自动化测试。	监控作为常态化运维保障工作，故障发生时通过邮件、短信等方式及时通知。
可持续阶段	全自动化，提供自助服务式的部署方式，每个环境的部署都共用同一个过程。	各个环境流程管理是闭环，并在平台中管理，环节之间流传具备自动化能力。	库和依赖也被管理起来。	每次变更提交都会触发自动化构建和测试。	自动化单元、接口、UAT测试。	有统一的监控平台，并能对监控数据进行分析和异常定位。
成熟阶段	完全自动化，实现端到端的交付。	从平台上可以看到整个过程的信息。	频繁签入代码，开发人员每天至少签入一次代码的主分支。	收集构建度量及测试结果数据，并进行可视化分析和展示。	质量、度量限踪，自动化测试可以覆盖的都采用自动化测试。	所有系统都纳入统一监控平台，开发运维可通过监控平台提升系统可靠性。
优化阶段	所有资源和环境都会高效地管理起来，自动化地配置管理，为统一的PaaS服务平台提供虚拟化、容器化的资源。	从需求、开发、测试、部署到运维，所有工具和管理都在一个平台，可管理、可流转、可追溯。	支持高效协作，快速开发，可审计的变更管理流程。	持续改进流程，优化反馈机制，提高透明度。	几乎没有生产回退，缺陷能及时发现和修复。	系统监控和业务反馈及时，快速进行优化提升。

的教育趋势，更会加大原本通过努力就能抹平的天资差距，而大数据的易于获取又将造成更为巨大的教育潜质鸿沟。

- **物联网带来的变化：** 物联网带来的可视化成为主流；信息双向掌控的智能校园的普及使用，让教育系统朝着数字孪生系统迈进了一步；教育由管理系统走向生产系统；在物联带来的多变量的边缘计算支撑下，场景计算逐步成为可能。一般人预料不到的是，物联网技术的普及和扁平化会促进学校连锁应用及教育办学的组织重构。

- **人工智能带来的变化：** 人工智能及其训练机制让我们重新认识了人类学习的价值；机器学习概念的监督式学习也让教师肯定了自己的作用；人工智能的发展让教师逐步认清在复杂劳动（医学和教育）中机器是不可能完全替代人的，而教育技术辅助系统则是可行道路，将针对应试的人工智能应用从教育中剥离也许更好地解放了教育者真正的核心价值。

云地融合对教育最大的冲击是知识学习的冲击，大量优质资源的共享、高效和经济使教育在知识评价方面总体向上拉平，围绕新经济的知识积累储备逐渐成为主导。

信息蝶变

技术层面之上的是信息层面，唯有上升到信息层面，教育者才能够将经验反馈到教育的应用场景中。技术使用的初期，人们更多地使用了技术的工具性；后期融合之后，变成一种不分彼此的状态。如果再向更深层反思和回顾，会发现原本技术的发明都是由于便于人类使用的目的甚至是研究人类学习的过程而出现的。教育技术的使用者，站在信息哲学角度、美学角度和思维交互角度重新看待技术，不仅仅会大大提高技术的使用效率，更重要的是，思维的升华和技术的升华原本就是事情的两面，工具层和思维层的抽象一致的反馈在本质上就是教育成果的表现。

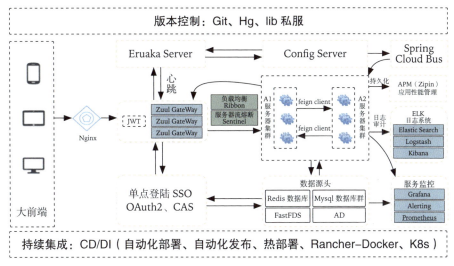

各种各样的基于全过程的信息与数据支撑改变了技术的交付方式

我们如果将移动性学习的场景还原到梁思成、林徽因深度学习《营造法式》的10多年经历上，就会发现搜索技术、社交网络、位置学习、手持记录、内容测绘，一样都没有少。他们没有手机，只不过让速度慢一些，而移动性学习的要素一点儿也没有变。这是一个典型的信息哲学问题：我们关注技术会使用"移动学习"一词，关注教育信息哲学则会使用另外一个名词——移动性学习。

教育信息哲学是教育技术背后的终极命题，包含着很多不同的概念。使用教育技术时，我们往往忘记了原本的心理学动因，而随着从技术的娴熟到应用的融合，会深刻体会到信息哲学的含义：远程——如何满足人的控制欲；虚拟——什么是比现实之真更高的教育之真；仿真——什么情况下我们需要一丝不苟；模拟——一万小时如何从校园开始；移动性学习——搜索、阅读、辨别真伪。

在更多的信息应用领域，教育者开始思考以下问题：什么是教育的原始变量？什么又是隐含变量？什么是默会知识？什么又是深度学习？为什么明明在理性角度上显而易见的结果，人们在学习过程中却又一再犯错？提倡终身学习，为什么又迎来辍学创业的热潮？人脑科学的研究如何促进了计算机的发展？计算机的研究又如何反哺教育？为什么说信息是教育的生命原义？

人们在对教育的生命原义的思考中，开始考虑如何用学习的科学反哺教育，原来的教育理念开始被赋予信息学的变量：顺应天性、宽容偏执、适时学习、默会知识、隐含变量、意向、建构与深度学习、碎片化与浅学习、沉浸式学习、知识地图、大数悖论。以上不仅仅是技术从生命中获得的启发，更是生命底层的信息学密码。

教育学的信息蝶变的显现，从教育设计到设计教育的重新思考，着眼点和抓手是以下三个方面：教育设计原则中的信息视角、教育空间的信息角度规划与设计、信息空间的教育指向规划与设计。

6～22岁，人的五官、四肢、大脑、神经发育尚未完成，肌肉和情绪记忆力与预设的协调训练若缺失则一生不能弥补，我们要重新考虑人使用工具的能力训练在一生教育中的作用。教育中工具与肌肉的训练不仅是职业教育的一个类别、层级，更是教育完整性和童子功及创新的基础。技术的蝶变，除了使用信息化工具，更多地深入到人的四肢与肌肤所带来的信息感知对头脑和肌肉记忆力的影响。如果说知识在云地融合中得到了共享与暴涨，技能训练则在信息蝶变的刺激下回到现实进行着内生的训练。

场景再造

生物学早就发现，基于碳基的人脑的节能和思维机制是远远超越基于硅基的电脑的，计算机的发展很大程度上有益于研究生物体和神经大脑的结果。语言、文字仅仅是简单的信息传递模式，如果把空间的信息还原成为场景计算，再施加于场景空间中的学习的人，这就是教育。场景再造不仅仅继承了千百年来教育抽象出来的结构化的知识与技能，更以设计的思路关注着学习者的感受，进而还原了原生的学习场景信息。

技术发展很快，人体的进化却几乎难以观测，灵魂随时代越走越快，躯体靠谶语指路慢行。场景再造就需要从学习空间到创造空间的落实。

如果回顾 3000 年来人类教育场景的变化及信息载体的变化，我们就会对技术作用于人的空间而对人的感官造成的影响豁然开朗。从书本做知识的载体到课堂形态和学习组织模式的变化，技术的突然革命，往往会忽视教育的本源。目前，中国的教育改革和信息教育颇有一些技术图腾主义的色彩：很炫的投影机、很漂亮的机房、很高级的 iPad、很大很亮的显示屏，这些为参观而设计的现代教育技术工具，往往很难解决如何改变学习行为和设备使用率低下的问题。

教育场景再造，与以往的信息载体的变革的逻辑是一致的。云端将接手功利主义的重任，实体教育会被莎士比亚化：原来大量教育的重复劳动被技术取代以后，教育重要的仪式和流程工程被极大地重视——排演一般的流程与社会预演、策展一般的计划与组织、庆典一般的价值固化与塑造。

人与环境的互动感知、人与社会的自信定位、人与人之间的合作与竞争深深埋藏于以数据与信息为变量的学龄预设中，思维训练的知识、肌肉记忆力的技能、人际之间的场景沉浸，构成了教育的信息素养。场景信息的虚与实的再造，留下教育最重要的体验——被技术解放的真、趣、美。

器道重构

关于教育有非常多的争论，本质上都是器与道的争论："面向未来的教育""真正的教育是经过多年后你忘掉所有知识后剩下的东西""培养对社会有用的人才""好的教育最重要的是无用的学问"。实用主义教育、人文素养、职业教育、研究型人才、偏才怪才，过去解决教育的立场是用教育层级来解决的，即基础教育、职业教育、高等教育，或者按照类别分为理论教育、职业教育。但是，随着信息文明的到来，器与道已经彻底不能分离，无论是计算机还是信息化学科本身，都已经很难分清软件与芯片开发是器还是道，是理论还是实践，而对于信息化在行业中的应用来说，也分不清到底是谁服务于谁。

CI/ID DevOps服务	版本库 Hg,Git	自动化部署 Jenkins	Maven仓库构建 ArtiFactory	封箱及镜像发布 Docker	灰度发布 Kubernetes（k8s）
架构服务	springCloud基础组件 ApiGateway Eureka Config Redis Bus总线 Feign		安全及审计 安全证书及管理 ELK审计		监控 链路监控、性能监控
通用服务	消息中心服务			资源中心服务	
应用服务	消息中间件服务	全文服务	用户中心服务	边缘计算服务	业务中心服务 / 资源容器服务 / 可视化服务
数据服务	业务数据中台	资源数据中台	全文数据中台	物联数据中台	用户数据中台 / 共享库信息数据中台
运维服务	热部署	灰度发布	一键部署	链路追踪	系统提醒 / 节点管理

微服务技术的成熟逐步将工具与感知融为一体

有经验的教师很容易观察到一个现象：二流人才接受好教育，一流人才接受精英教育，顶级的人才自己教育自己。我们通过对计算机理论、控制论、人工智能甚至信息论共同的源头进行了解，会发现：真正的智慧藏在人的天分中，藏在社会的洪流中，人类社会偶尔给予其合适的养分，只有天才能把它们穿成串。1943年的那次聚会，一群50岁左右的学术大咖围着一位18岁的天才少年畅谈，竟然成就了他们的时代。而这位叫皮茨（Pitts）的18岁少年尽管没有受过教育，但其思想超前了时代50年，因而险些被埋没。人工智能的重新出发给教育的启示是："知道了知道的历史，我们深度学习一下深度学习。"所谓深度学习，在教育界平实的解释就是：知识、技能、体验的传递和反馈。

STEM教育之父、LOGO语言创始人西蒙·派珀特（Seymour Papert）说："好的教育不是如何让教师教得更好，而是如何提供充分的空间和机会让学习者去构建自己的知识体系。"尊重生命的智慧，尊重每一个个体，把可重复的事情交给技术甚至人工智能，是智能时代的教育智慧。而我们教育者要重视三点——资源、活动、评价，其标准也不复杂，就是资源要富、活动要苦、评价要贵。

教育是"好大一棵树"，根有多广，叶就有多茂。教育的"叶"是评价、目标、展现、应试，要靠教育的"根"即知识、技能、体验来进行营养供给，要靠教育的"枝"的丰富和细致来进行营养传输，构成一个教育的操作系统。这个操作系统要顶天，要立地，要在人间。用生命来称谓就是一棵树，用技术来称谓就是一个全时空、全自动、全信息、全智能、全掌控的从物理空间到数字孪生的信息系统。

  抽象和忘记外观，它们原来就是一回事：技术驱动的教育变革，回归了技术的信息原义。

02
数据为元，计算为链，认知第一

对于埃隆·马斯克（Elon Musk）经常说的三个关键词元宇宙、星链、第一性原理，很多人是这样理解的：元宇宙是数字孪生甚至虚拟仿真，星链是一种卫星通信技术，第一性原理是一种思维与行动方式。如果这样理解，就如同理解 20 世纪 60 年代末期的集成电路一样，觉得没有什么技术含量，不就是造概念吗？集成电路不就是一种工艺手段吗？

是的，集成电路是一种工艺手段，但是当时硅谷仙童公司的一波创新者用了这种工艺手段的思路，创造了一个时代，这个时代的基底是摩尔提出的摩尔定律，它不断被验证不仅是一种工艺思路，而且是一种能量与信息的关系。马斯克与过去 20 年的创新者完美地复制了集成电路时代，贝宝（PayPal）也复制了仙童公司的道路，形成了今天的一种创新方法，只不过没有人像摩尔一样提炼出摩尔定律这样容易记忆的模式，但是这种模式不仅存在，而且不断创造奇迹。马斯克不是汽车专家，不是火箭卫星专家，不是电池专家，但是将这种方法一样用在这些领域，并以摧枯拉朽之势把世界带进了数字时代。这里涉及三个关键词——元宇宙、星链、第一性原理。

元宇宙：

"元"这个字有天地万物本源的意思，马斯克是 IT 工程师出身，一定对元数据熟悉得不能再熟悉。我们换一个大家容易理解的例子来解释：如果你拍的一张照片本身是数据，那么拍照的时间、地点、拍照的人、被拍照的人、光圈等全部信息就是元数据，也叫数据的数据。那么，什么叫元宇宙呢？超越宇宙、宇宙的宇宙、大数据宇宙，即把你的研究对象数码化，变成可计算、可仿真、可数字孪生、可重复的系统，全部相关数据和内在逻辑算法就构成了一个宇宙系统。如果你研究工业、教育、智能制造，原来的方法是建立起一个针对问题的最可行和最经济的系统，而数字经济是把所有的库放大到一个平台上，犹如建设城市的"七通一平"，把所有的研究对象的资料以及内在逻辑联系建立成一个可计算、可引用的数字平台。假设你具有上帝视角，所有的东西都没有权限赋予操作系统权限。

星链：

库有了，所有的库的应用按照价值取向可以随意引用，围绕成一个旋转魔方。马斯克想积累粉丝了，去收购推特；想积累军事力量了，去美国空军演讲；想搞卫星了，去整合兵工厂。连接改变了世界，而万物互联的思路是马斯克早年做贝宝的时候积累出来的。

第一性原理：

亚里士多德提出的第一性原理有别于归纳和演绎，需要从毫无关系的外在表现推断内在逻辑。例如，我们去医院获取我们的体检报告，需要挂号、排队、体检、等待报告，按照归纳和演绎以及现有的技术障碍，成本不可能再降了。但是按照第一性原理，我们获得体检报告，不要报告，也不要体检，第一性是身体指标的信息，是信息与能量的关系。按照这个去推论，根本不用关心挂号、排队等信息，只要考虑信息的获取和信息知识产权的成本关系，重新架构我们的能量信息公式。事实上，特斯拉的电池以及最近马斯克对氢能源的判断，都是基于第一性原理。

当整个世界数字化以后，我们的行业、产业、公司、人会有什么变化？数字化思维不是不照顾现实，而是抛开现实看能量与信息的关系，突破人类思维的茧房，不从归纳、演绎出发，使用信息成本比最低的模式。

数据为元

如果我们要把一所学校、一个主题的教育作为研究对象,按照最新的热门词汇"教育元宇宙"来对标,如何落地才不至于泛概念化呢?最重要的是这个研究的教育对象"主体独立性"存在。例如,如果把某个学校的校友资源作为元宇宙,概念主体是存在的,但是如果把这个学校的高考应试作为元宇宙,概念主体则不存在,因为学校要迎接高考的应试,所使用的资源并不独立,研究意义不大,宇宙能量与信息不稳定。以此为原则,创造一个基于研究对象的、具有独立信息主权的概念集合,围绕这个概念集合搭建统一的数码化和池化的:"全管理"的各种管理文件、制度文件、流程文件、监察文件构成管理数码化和模型化的建制池;"全数据"的由各种知识、过程和日志,以及围绕上述资源形成的文件资源、结构化数据资源、物联资源构成的资源中心;"全调用"的各种软硬件产品、微服务、库、解决方案,应用成为教育系统的有机组成部分。

通过以数据为元,把数据和应用变成透明的、即插即用的独立的资源系统,通过数码化、建制化实现资源的接口化管理。

计算为链

学校构建围绕师生用户的平台、服务和管理的平台、生态和开发服务的后台,以三个平台为基础,构建外网、物联网、学校局域网一体化的信息基础设施。以上的平台和网络过去是作为资源而存在的,新的转型思路是作为计算而存在的,它们会统一形成对用户透明的计算环境。这些计算环境不一定是连续的,也许是离散和分块的,只要各种教育用户能清晰地调用它以及清楚效用的条件就没有问题。通过软件化、平台化实现信息基础设施由边界限制转变为计算支持。

认知第一

无论是教育中的教师主体、学生主体，还是管理者主体，都将集中于学习价值和教育目标。系统支持集中于人性化的支持，而人性来自于各方的动因与意识，并非计算。技术解决的是计算问题，人的根本是存在意识：人因工程，通过人因工程的平台和服务最大限度支持教育角色；人择原理，因为人而有了教育和学习，教育即生长；人本主义，不断把人作为教育的目标而不是手段来改善教育。

不断有文章提出"教师第一""学生第一"，其实教育与管理的"服务第一"照样存在，都是"人是第一"。第一性原理认为教育有三个主体：学生、教师、利益相关体，都是人。在有人的地方，就是"意识第一"，而不是"技术第一"；都是天才第一，而不是训练第一；都是动因第一，而不是目标第一。通过技术的手段、条件的限制、边界的规范、数字化的支持，完成生态化的支持，找到教育各主体意识的最大公约数——相对平衡的认知。

03 教育数字化的大同世界

1905年,几位曾经留学海外的士绅在无锡建立了中国第一个公园——公花园。之所以被称为"公花园",是相对于私家花园、皇家花园、政府花园来讲的。所谓公园,要有几个要素:一是不收门票,二是不设门槛,三是产权共有。"公花园"是第一个符合三个条件的园林。其实,早在商朝就有纣王的皇家园林,在宋朝就有非常多由州府建造的针对老百姓间歇开放的公园,在1868年上海就有仅针对外国人开放的公园,由于不符合"产权共有"这一要素,而不能称为公园。

《礼记》中关于"公"的解释能够非常清晰地表示上述的意思:"大道之行也,天下为公。选贤与能,讲信修睦,故人不独亲其亲,不独子其子,使老有所终,壮有所用,幼有所长,矜寡孤独废疾者皆有所养。男有分,女有归。货恶其弃于地也,不必藏于己;力恶其不出于身也,不必为己。是故谋闭而不兴,盗窃乱贼而不作,故外户而不闭,是谓大同。"

东方有圣人,西方有圣人,此心同,此理同。法国大革命前夜,卢梭和伏尔泰开始了他们一生的争论,也由此引发了关于"大同世界"建制方式的不息的争论,即到底是"平等"还是"自由"。这是全人类一致的大同世界的逻辑起点,不仅带来了从希腊以来世界整体的最大变化,而且带来了关于软件开发和共享方式的思潮和行动。

开源运动的思潮来源于"软件开发商对所生产的知识产权拥有自由处置的

权利"和"信息要自由，每个人都拥有平等的信息使用权"的争论。按照自由派的商业逻辑，信息系统与软件的开发耗费了大量的劳动，其所有权与物理世界的物权是一样的，开发商永久拥有使用权和处置权；而按照平等派的想法，软件创新的开端与萌芽（幼有所长）是由"公"承担的，仍有生命但没有后续投入迭代的软件（矜）、依托旧版本而旧版本没有服务与升级的软件（寡）、软件生产商破产消失而依然在使用的软件（孤）、用户极少完全没有生态支持的软件（独）、不好使用但仍勉强维持的软件（废疾者）都应有存在的价值而不应被商业绑架。专业的生态应该是多元（男有分）的，生态的下游应该得到好的关照（女有归），这样才是环保的、可持续的和生态的。信息产品具备自身的信息属性，不能浪费资源（货恶其弃于地也），构建创新的生态才是可持续的软件大同世界。

卢梭和伏尔泰关于政治制度的争论延续了几百年，而作为这种争论的逻辑延续，商业开发商原有的产权逻辑也逐渐走向了开发、开放、开源的生态协同模式。

开源软件的使用者最早多是来源于拥有"幼有所养"烦恼的高校用户级开发者，因此开源软件从起源到目前都或多或少与教育有关，比如 Linux、Python、树莓派、Mysql、Moodle、Sakai 等。开源不仅带来了资助者的品牌，还对大厂商了解创新、对抗官僚、降低成本起到了很大的作用。另外，开源也更加高效地筛选出了有潜质的工程师。不仅如此，商业软件也通过开发接口和开源平台，构建了服务生态，把各种各样的不具有商业价值的部分通过开放和开源扔给网民，使整个生态处于一个"物尽其用"的良好的生态状态。

开放、开源文化从西方起步，但并不能妨碍一个事实：在哲学层面上，孔子的"大同世界"的阐述并不逊色于西方。可中国的软件开发、开放、开源生态，在教育界却一直远远落后于时代。对于我们来讲，不仅仅有教育信息技术落后的"乔布斯之问"，还有经济迅速发展而教育和创新没有跟上期待的"钱学森之问"。究其原因，不在于我们的思维起点和活跃程度低，而在于我们的商业文化和市场经济起步晚，没有吸取更加丰富的经验和进行更加积极的探索。自上而下的规划、入围厂商、指定平台、严格标准、孤立系统等造成了一个个难以跨越的生态鸿沟。在这种生态鸿沟下，一方面，针对管理上的系统封闭和平台绑架大行其事；另一方面，教育创新和专业教育所需要的"最后一公里"的接入却碍于"没有商业价值的关键少数"而停滞不前。

教育本身是一个拥有阳光、森林、草地的百年生态系统，教育信息化呼唤开发、开放、开源的大同世界。

04

教育还在原地张望，
数字已去了远方

　　隋朝初年，大将杨素纳陈后主漂亮的妹妹乐昌公主为妾。谁知，乐昌公主声称已婚配给旧朝大臣徐驸马，并且拿出半块铜镜表示与丈夫离别时以此为信物。公主派一老翁在正月十五约定之日到集市上高价卖这半块铜镜，等来了约定好的徐驸马。杨素成人之美，这就是破镜重圆的故事。

　　这里面有两个疑点：一是杨素为何成人之美？二是夫妻二人为何如此高调卖镜，唯恐天下不知？有一种可能，就是这个故事是文理兼通、风流倜傥、重视名声的杨素编造出来的，顺水推舟而已。那么，掰成两半的铜镜究竟有何等功效与意义呢？

　　20世纪40年代，克劳德·艾尔伍德·香农（Claude Elwood Shannon）给出了信息的定义，说信息本身并没有意义，但是翻译信息的人由于本身的背景对信息有自己的解释，使信息的存在减少了不确定性，这就是信息的本质。由此，香农完全避开了解释信息的意义这个"漫长的工程学无解的道路"，直接用数学符号和计算来处理信息以及信息的不确定性计量，信息论从此变成一门独立的科学。

　　在上面的例子中，铜镜本身并无意义，但破成两半的铜镜及其背后的叫卖，在不同人的眼睛里有了意义：对于公主来说，验证了丈夫的生存状态；对于丈夫来说,验证了妻子仍然爱他;对于大众来说,铜镜寄予了太多乱世的期待;而对于靠武力灭掉陈朝的杨素和隋朝来讲,掰成两半已经几百年的南北王朝也需要一个"铜镜",让国家重新统一。

如果从纯粹的信息含量来看,破成两半的铜镜、高声喧哗的集市售卖,本身的信息含量是很少的,但是,恰恰是这很少的信息含量,对于杨素、乐昌、徐驸马、饱受别离与战乱的南北朝人民来说,都是在不确定时期获得了确定的"眼神",于是"有了意义"。中国古代有非常多这样的故事,如太公钓鱼愿者上钩、文王拉车八百步、赵高指鹿为马、刘备三顾茅庐等。它们本身传递的信息含量并不大,如果用意义去解释,就会把信息带入一个解释与翻译的泥沼中。不同种族的人们使用的行话、隐喻、缩略语等,实质上与上面的历史故事一样,都是使用一种信息压缩方式,信息量虽少,但是信息在发出者与接收者之间是确定的。在破解信息密码的香农与使用现代翻译软件的算法工程师看来,信息的本质就是减少了接收端的不确定性,本身并不具备意义。

正如《人类简史》的作者尤瓦尔·赫拉利(Yuval Harari)所说,过去的20世纪,人类对于信息的进展,多半来源、集中于"算法",而抛弃了"意识",但是做到这一点并不容易。香农自从提出信息论就不断受到"信息具备含义"的多数科学家和绝大多数普罗大众的意识审判。在香农提出信息论的半个多世纪以后,卡内基梅隆大学的周以真教授才提出了"计算思维"这个词汇,把思维和意识进行抽象、分解与组合,绕开意识从信息与计算的角度来看待人类的思维。今天,人工智能的迅速发展,得益于"无意义信息学派"非常多的工程科技的进步,而背后就是数据,大的数据。

在一篇《信息论之父是如何将世界数字化的?》的文章中,作者将香农的进步和进展归功于几个关键点:用布尔代数代替开关变量,用数学表示转换消息来传输各种类型的信息,用比特来表示信息的最小单位,用不确定性数学来表示信息的度量,避开含义回到信息的定义来谨慎处理应用。

香农用数学将信息扩展成为一个前后一致且完整的系统,可以通过任何通信渠道传输各种形式的消息。从香农提出信息论以后,人类也终于找到了正确的工程方法，按照香农的理论，从电子管、晶体管、集成电路、大规模集成电路到 3G、4G、5G，将信息与意义脱离，并直接用科学和工程上的进展来复制和传递。

信息本身是不确定的、没有意义的，其意义在于减少不确定性。那么，人们理解信息不产生偏差和减少信息不确定性就简化成为更多的、更高效的、更节能的数据的传递。由于不代替人的思考，就需要把人类思考的输入变量作为全量数据尽可能传递给信息输出端，大数据时代就这样来临了。

回顾过去的 40 年，我们的教育经历了"学好数理化"时代，经历了"外国语学校"时代，经历了"实验中学"时代，经历了"国际学校"时代，经历了"综合素养"时代，又经历了"人工智能"时代，似乎重新又要重视数理化了。这些都是在特定历史时期、特定教育价值观下的"教育观点"。如果软件工程师和 IT 企业不断迎合这种"教育需求"，不断人格分裂般在"业务与技术"中跳舞，用复杂的模型解决复杂的问题，那么问题就只会变得更加复杂。有没有更加简单有效的手段呢？有的，就是数据驱动，将"教育的意义与观点放给教师与时代"，做好数据的事情。

举个例子，过去做教育，一定要有需求驱动，也就是要求软件工程师理解业务，或者教育工作者学会软件，信息管理的主要任务就是做好软件工程师的代码语言与教师的教育业务语言的翻译者，并强调业务系统要紧贴实际需求。而按照数据驱动的原则，应尽可能地把教育的数据抽象成为输入数据、业务计算过程、输出数据、教育观点和看法，将教育过程分解成为一个一个的应用场景的计算和加工过程，再将计算与加工过程重新组合成客观的输出数据。输入、输出、计算都具有客观性，将客观的数据提供给教师之后，教师或者教育管理者在与现实教学场景一致的高度还原的数字孪生世界中形成自己的观点；然后凭借自己的业务模型和经验，穿梭在数据输入、输出、计算之中，给出不同的教育观点。香农的信息论认为，无差别解决消息传递是一条漫长的死胡同；在数据驱动的今天，教育需求本身也是教育工程中一条漫长的死胡同；我们需要改变教育哲学，用数据哲学来高效能、低能耗、全信息地精准做教育。

05 消极型与积极型数字素养

综合素养，是人类迈向后工业化时代后全世界教育界的共识，这种共识不仅仅在于教育界怎么看，更在于社会需要什么样的人；教育界的步伐也并不仅仅在于谁的理念更先进，更在于社会的需求和人才培养的要求的推动力。什么是综合素养这一问题本身也在探索中，各个国家之间甚至一个国家内部争论也很多，甚至随着时事的变化不断翻转的情况也经常发生。了解这些历程，有利于我们审慎地看待中国正在进行的高考综合素养评价改革。

总体来说，欧洲，尤其是英国和德国，相对于美国，更加强调专业的发展，更加希望学生更早地进入到专业学习。德国是进行专业教育分流最彻底的国家，英国的大学也一入学就进入专业学习。这些趋势使得这两个国家更加强调专业基础下的综合素养。综合素养一开始就不是所谓的"全面发展"那么简单。看待综合素养的视角有两个：一是出口，也就是基础教育阶段的评价对于大学和职业教育的用途；二是学生的公民意识、社会人的培养的社会共识以及学校价值体系的建立。由于德国很早就进行大学教育（所谓研究型人才）和职业教育（所谓实践型人才）的教育分流，因此综合素养的评价更加在乎学生的个性以及特长。英国近30年来教育部门归属几经变革，基础教育属于教育部管辖，高等教育和职业教育属于科技和商业部门管辖，因此尽早掌握一门专业技能和展现出专业技能的天分更加成为考核的要素，反映到高中的课程中就基本体现出综合素养的专业性。从一般意义来讲，我们有一个误解：欧洲，尤其是英国的基础教育很扎实,即各门学科很综合,学生各种素质很均衡,甚至有人认为英国的学生从小接受全面的素养训练,因此可能在专业学习上就有所放松。事实恰恰相反,英国学生综合素养的培养,不是靠把各种社会都需要下一代人承担的要素通过课程体系和考核体系进行评价,而是通过专业的训练,例如参军和进入工厂,从一个具体的场景来着手。

美国的情况比较复杂。第二次工业革命时,美国就成了"主战场",并且"包袱"较小。在 20 世纪初,美国就开始讨论后工业化时代的教育问题,典型的人物就是杜威以及芝加哥大学的校长哈钦斯。面对着工业革命带来的变化,教育界有两种意见,一种是以杜威实验为标志的实用主义教育,一种是芝加哥大学文理学院的通识主义教育。这场争论旷日持久,基本上是杜威占据最后的主流。然而,相对于德国和英国,由于历史原因,美国的大学反而更加强调基础年级进行通识课程的学习,大学高年级才进入专业学习(近些年大多数学校也逐渐转变了)。受这个政策的影响,美国中学生更加重视综合素养的评价,总体来说,与中国目前提倡的综合素养实质差别不大,包含特长和竞赛(音乐、美术)、慈善和爱心、领导力、身体和体育。

从评价标准来看,欧美国家都没有一个从政府层面推动的综合素养评价标准,哪怕是地方政府。这些差别不在于政府是否有所作为,事实上在简单的学习成绩绩点的认证体系上,共同一致的官方或者行业标准是很常见的,成绩绩点共享可以有效地防止纠纷。但是为什么综合素养评价标准却不公开呢?原因很简单。西方社会高度崇尚个性和隐私,综合素养有太多的主观性,很容易造成纠纷。美国高中也鼓励学生选修创意、行动与服务课程(CAS,Creativity, Action and Service),一些社会组织提供的综合类社会服务课程要求学生去做很多有关综合素养的培训和社会服务,也只是课程而已,虽然计入共享的成绩绩点中供大学选拔学生使用,但说实话,用途不大。倒是秘密进行的、和综合素养相关的推荐信至关重要。美国的志愿者、社会组织、提前进行的研究项目、任课老师、教练,会封装自己对学生的综合素养的评价,也许只是个人看法,也许只是一个方面的看法,但绝对不是课程成绩。为什么如此呢?除了隐私外，综合素养这件事牵涉到"政治正确"，教育界有过非常多的教训，例如按照国家标准或者学校标准去评价一个学生，我想无论是遵守公德、纪律，还是全面发展，美国历届IT明星都是综合素养的反面典型。对18岁的高中毕业生按照"道德和全才"的要求培养，在美国人看来本身就是反创新的。

欧美各个大学录取学生的时候，也各自有各自的标准，基本上也和综合素养有关，但评价人不一定采用一个标准，这往往并不是"创新不可预期"的原因，更多的原因在于教育制度。美国的教育权不在联邦政府，而在州政府。对于品学兼优的学生，州政府可以在公立学校层面给予资金支持和学费减免。然而，录取毕竟是各个大学自己的事情，他们会把"报考录取率、学生退学率、录取报到率"等指标看得很重，不仅仅是学校排名的问题，这些事情还牵涉了学校的财政预算大事。由于各个大学会谨慎选择能够报到、毕业的适合自己的学生，并且为找到这样的学生制定秘密的录取标准，并不会为一味录取"政治正确"的学生而承担风险。更加重要的是，这种录取标准逐渐成为各个学校的选人标准后，就成为综合素养的评价标准。不要太好，不要太坏，只要刚刚好，因此大家都会共谋拒绝一个统一的综合素养的标准，而采取自己的评价办法。至于评价办法，无外乎推荐信、成绩点、爱心与志愿者经历、竞赛证书、体育成绩等。值得指出的是，美国的高校很重视学生的慈善爱心与志愿者经历，那是因为大学的筹款主要是靠校友；美国的大学需要有领导力的学生，也是需要有影响力的校友；美国的高校需要体育成绩，也是出于大学荣誉以及对学生长期身体事业的考虑，很具体、很实用。

不知道上述背景，就很难理解这些国家和教育机构的教育决策，很多东西我们根本学不了，一学就错。如果说综合素养评价在国内刚刚起步，欧美有什么值得我们学习并且学习得了的，那就是积极型综合素养评价。

中国围绕高考和中考的综合素养评价还处于初步探索阶段，目前的基本思路还没有脱离成绩绩点，是消极型综合素养评价，效果如何有待观察。有一件事情要注意，就是综合素养这种主观评价是否适用于成长阶段的学生。相比起来，积极型综合素养评价更加个性化和容易评价，也广泛被欧美国家采用。说来说去，到底什么是积极型综合素养评价呢？所谓积极型综合素养，就是不再按照拆开来的类别单独评价，而是将评价置身于学生的一贯性的场景中。例如，中国的学生按照中国的综合素养评价方法写自我介绍，经常采用消极型自我评价，也就是自己干了多少好事、做了多少公益、比赛得到多少奖状、获取多少荣誉，高中三年做了100件很全面的但是毫无关联的不同的事情。相比起来，欧美国家的学校由于评价个性化，更喜欢学生拿出积极型的评价，也就是高中三年围绕一件事做了100遍，且以不同的方式。例如，这个学生参加非洲学生的捐助活动：为非洲学生募捐、为他们画画、为他们创作音乐剧、利用暑假远程为非洲学生网络授课等。他们会通过一个有明确指向的一致导向和持之以恒的方向，体现出自己未来职业或者特长的选项以及价值。按照教育的规律，这样的方法比较容易持续，学生们也比较容易得到不断的自我强化。

事实上，这种积极型综合素养评价在美国的课程内充分得以体现。积极型综合素养包含公益性、创新性、爱好性、熏陶性，围绕一个创造性的任务和主题，持续地发挥，而不是枯燥地向招生官和教育资助人及父母汇报作业。美国文学课往往一个单元用时三个月只教授一本名著，比如《飘》，但是在教授的过程会动员音乐、美术、文学各个学科的老师，调动学生写论文、看电影、演戏剧、作曲、当志愿者、参加辩论赛等，最终的目的并不是分出等次，而是使学生们自然通过一门课完成综合素养的多种积累，也逐步养成了可能的创造性的个性。

消极型综合素养评价会大大造成学生的课业负担，并且有可能造成创造力丧失甚至厌学情绪。某作家有一个有趣的说法，就是戏剧学院和美术学院一定不要招收那些很早经过兴趣班学习的学生。他是60后，青春期在80年代，高中时期没有经过诗词训练，但是从高中开始就写诗，由于是自己主动写，得以不断地发现好的诗歌然后去背，反而也背了不少好的诗词，也写了不少诗词。他的经历是典型的80年代青年人的经历，那一代诗人很多。反而强调综合素养的今天，孩子们背诵的经典比他们多了太多，但能写诗的却不多。在中华诗词大会上，孩子们会的诗词令人匪夷所思，然而他们很少有人会写诗，偶尔写的诗歌，比起 80 年代的一辈差距很大，原因也在于消极型综合素养大行其道，甚至出现消费型、消耗型综合素养。在美国，你的音乐、美术、体育能力很强并不能让人羡慕，你学习成绩好也不会得到友谊，但是你如果通过音乐让班级或者团队获得荣誉、通过美术让社区获奖、通过体育让学校得了冠军、通过领导力体现了社区的力量，那么就会被人崇拜。毕竟发展了 100 年的综合素养，大家都明白什么是积极型的和有溢出效应的综合素养。

这也是杜威的实用主义更被美国人接受，而通识教育逐步衰落的原因所在。

06 教育的耐力有氧过程

谭杰是《篮球》杂志的总编,40 岁那年他为了翻译一本关于长跑的畅销书《耐力》,通过亲身体验书中的训练方法,成就了一场知与行的修炼。谭杰认为,对于全民健身来说,不亲身体验,不知道跑步时心脏跳动的感觉,是不能把这件事做好的。

《耐力》

《耐力》一书的作者菲利普·马费通(Philip Maffetone)博士也是这么认为的。马费通博士是著名的运动医生、铁人三项运动员、运动研究博士和教练,他身体力行,研究不受伤运动的问题。总结下来,马费通博士的主要观点是:竞技体育(Fitness)和健康体育(Health)是有巨大区别的,对于普通人来说，耐力与健康是体育最重要的功能，为了运动的持续，一定不要过度训练和透支身体，一定要在有氧心率下愉悦无伤训练。耐力与健康是体育最重要的功能，训练最核心的内容就是通过有氧训练消耗脂肪，而不是消耗糖分，达到肌肉的结构性演变。然而，作为大众体育最重要的耐力其研究却极其缺乏。马费通博士通过一系列案例和经验定义耐力区别于冲刺能力的几个重要的特征是它们与年龄的关系：与冲刺能力相比，耐力可以被保留得更长久一些；耐力项目中最重要的是以有氧训练提高有氧肌肉、避免受伤，用比自己最大有氧速度快一点点的速度奔跑。在通过一系列研究后，马费通博士给出了有氧公式为"180 – 年龄"，并给出了一条重要的耐力训练指导原则：通过几周或者几个月的训练后，在同样的心率下，比以前跑得更快，这才是耐力训练的最大目的。马费通博士警告说，大多数耐力选手更关注距离，这往往使得时间在训练中被忽视，解决这一问题的办法是学会放松。他认为，由于大脑会记住它经历的一切，所以输入时务必慎重，训练耐力的时候最重要的是训练那种与有氧肌肉相连接的神经，通过燃脂能力提高耐力。今天，马费通博士对于最持久的活动是依赖有氧系统而不是无氧系统的观点得到了广泛的认同，也触发了一轮无伤群众体育运动的热潮。

马费通博士最重要的观点就是为了运动的持续，一定不要过度训练和透支身体，一定要在有氧心率下进行无伤训练。马费通博士用一个简单的心率公式来指导不同年龄的人和不同身体状况的人进行耐力训练，其中最重要的一个词就是"慢节奏"。节奏与周期我们一点儿也不陌生。日月交替、斗转星移、一年四季轮转、天际线起伏、鸟鸣韵律、心跳鼓点、人体美丽曲线，大自然的节奏是深入到基因里面的。顺着节奏，产生愉快共鸣，人就会持续生长，生命体也会更健康，反之亦然。科学和统计都表明，在有氧心跳的范围内，人这种动物是耐力最强的动物，持续奔跑几个小时甚至几十个小时也不会受伤。

说到耐力，在竞技教育盛行的今天，教育可以分为应试教育与终身的耐力教育，而节奏和周期是关键的问题。

按照马费通博士的说法，保持在有氧心率下的训练不仅不会受伤，还会产生愉悦，更能自然地提高人的速度和耐力，完成从与别人比的竞赛心态到倾听身体的声音的内生动力转变。运动中的有氧，就是保持有氧心率持续燃烧脂肪，而不是靠临时补充糖分。那么，什么是教育？什么又是教育的有氧心率呢？

1896年，杜威来到芝加哥大学开始了教育研究和实验，并提出"教育的目的就是让教育持续下去（教育即生长）"，他批判了"教育即预备""教育即展开""教育即官能的训练""教育即塑造""教育即复演和追溯""教育即自然发展"等观点。他还举了一个例子，如果出于某种特殊的原因，一个小学四年级的学生辍学，他愿意且能够进行自己五年级的数学学习。按照杜威的说法，我们明确地知道杜威眼中的教育就是"有氧耐力教育"。在此后的50年，杜威的"有氧耐力的实用主义教育观"与哈钦斯的"通识的精英教育的教育观"争执了很多年，直到第二次世界大战以后大批美国兵返回社会，以及民权运动后大批黑人要求同等的教育权，杜威的基于个体的民权教育才逐步被接受。而与竞技体育与健康体育走过的历史进程惊人的类似，有氧运动就是持续的耐力运动，而有氧教育也是持续的终身教育。

如果说有氧心率是最重要的有氧训练的控制指标的话，那么教育中的各种周期的使用就是训练教育的控制指标。"兴趣是最好的老师"得到了广泛的认同，但是兴趣经不起应试的挑战。在短期的应试压力下，燃烧的是填鸭的糖分，而不是高能的脂肪。马费通博士认为，脂肪是好东西，但是必须燃烧才行，而糖分要尽量少地摄取。教育也一样，如果兴趣不断地积累在大脑神经中，孩子就会一直处于心理饥渴状态；而如果不断用周期控制来燃烧兴趣，孩子就会产生满足的愉悦和耐力。

那么，什么又是教育的有氧心率呢？在教育中，周期无处不在：代际周期，如百年大计；人生周期，如从童年到老年；学业周期，如从幼儿园到博士、学年周期、学期周期、星期周期、日期周期、假日周期；课程轮转周期，如数、理、化、音、体、美、劳；日光周期，如从清晨到傍晚；课堂周期，如从儿童的45分钟小课到大学的120分钟大课；课堂上注意力周期，如有经验的老师会在上了10分钟课之后说个笑话。今天的教育正如50年前的《运动生理学》教科书一样，虽然口头上重视耐力，但是，"那个时候，这本书直到756页，才用理论而不是实践能证实和遵循的方式提出耐力的定义，并且由于年轻的运动员几乎都是做竞技体育为主的，等到了老了都用训练短跑运动员的方式训练耐力选手"。人的教育周期很长，30岁能够在科研和事业上取得成就属于天才，因此耐力更为重要。然而，由于各种竞技类的应试筛选，近40年来几乎没有关于教育耐力训练的指导，这也造成了在普遍教育水平提高的同时，拔尖人才大幅度滑坡。

我执教的"网络智能技术与应用"是一门技术性很强又枯燥的课程，作为一名愿意与学生进行有氧互动的老师，我在课堂上更多的是不断用周期的方式形成燃烧兴趣的有氧训练——知识授课、技能训练、创建实验项目、分组聚集、分角色指导、男女搭配、用技术讲故事、撰写论文、撰写商业报告、专利开发等，不断地进行周期性重复，让学生感觉愉悦，直到他们形成自我燃烧兴趣的持续动力。

我也发现学生们在数字化平台上那些原本毫无规律的学习行为逐步如心跳一般开始有了节奏——数据点击总次数，有效学习时间，学习总时长，上传的日志与文件的动词频度、动词递进关系、动词比例、动词丰富度都有所提升，从这种节奏我能看出他们持续燃烧兴趣的动因。也因为有了这种节奏的反馈，我把教学活动变成了一个有氧的持续愉悦的过程。这种过程使我忘记了评职称、写论文、追求工资待遇等无氧的目标，而不断地以持续的有氧教育使自身得到愉悦和保持耐力。

对我这样的一名老师来说，最有趣的一件事情就是通过词云来预测哪个小组是最棒的，而非用最枯燥的技术评审方式去评价学生。

07 基于建制的数字化生态与平台的教育系统分析

看到一则消息，有美国政客提出，只要是 STEM 专业且具有硕士学位的俄罗斯籍人，在美国都可以获得工作签证。这则消息背后虽然主要是政治因素，但其还是牵涉到一个问题：为什么俄罗斯的基础教育如此强悍？具体分析就会得到结论：俄罗斯的基础教育是精英教育，而美国的基础教育是平民教育。

苏联建制教育的可取之处

俄罗斯目前仍是基本继承苏联教材的"高难度原则"，其特点是重视科学认知方法教育，关注物理、化学、数学等学科的历史内容，重视本国科学家对学科的贡献等，至今中国大学的高等数学教学仍然受此影响，30 年前的《数学分析》以及配套的吉米多维奇的《数学分析习题集》就是例子：教材很深、很薄、很枯燥，教辅材料非常详细，这样训练出来的学生水平均值很高，坏处是与时代和应用结合不紧密，显得变通不足。美国教材则呈现出另外一种特点，讲究融合、创新、生活元素、趣味性、体系性，特别注重创新与应用，这样培养出来的学生思维灵活、宽阔，但是往往基础知识不扎实，除了少数优秀尖子生，总体均值不高。受苏联教育体系的影响，中国教育具有应试与迎评双面特点，应试基本采用苏联模式并且呼应家长和严肃学科的诉求，而各种教学评估和学科评估又偏重产出、创新、应用和欧美化迎评。其集中体现就是教材美国模式和教辅苏联模式，表面上包容并蓄，实际上非常庞杂，各种标准同时存在，不成体系，也在各种思潮的教育改革中不断左转右转。

无问西东的数据教育业务基座

在数字化的情况下，以上问题有可能得到缓解。也就是说，数字化是解决之道，平台与生态上依托苏联教育背后的高度建制性，而在应用层面借鉴欧美体系，给创新与应用以足够的空间。数字化能够通过数字模型、微服务、平台等方式集约化地管理和共享各种高度积累的建制经验，解放了教师和教育管理者大量的精力。

教育建制分析的构建

以往进行一项教育系统业务的系统分析，会按照经典的分析方法与步骤：系统调查、组织结构与架构分析、业务流程分析、调查数据的汇总分析、数据流程分析、需求说明书与需求分析、系统概要设计。但如果全照这种方式分析，环节太多容易导致失败率太高，对分析师来说，对其教育业务能力、技术能力、沟通能力的要求也太高。

更加重要的是，传统的系统分析会用到大量的分析工具，例如矩阵、原型图、需求说明书、ER图、业务流程重组、问卷调查、数据处理、可行性分析报告、成本效益分析、综合计划模型、分类模型、财务模型、经营决策模型、统计分析模型等，这也造成系统分析人才奇缺，难度越来越高。在数字化时代，如果我们把平台做成精英的、苏联式的，应用做成平民的、欧美式的，这就有可能是数字化教育能解决问题和提高效率的机遇。面对平台时代和数字化转型，系统分析关心的关键问题不是层次与高度内卷，而是要基于建制数字化生态，依托这个平台的生态构建新的基于建构方法的系统分析与应用。

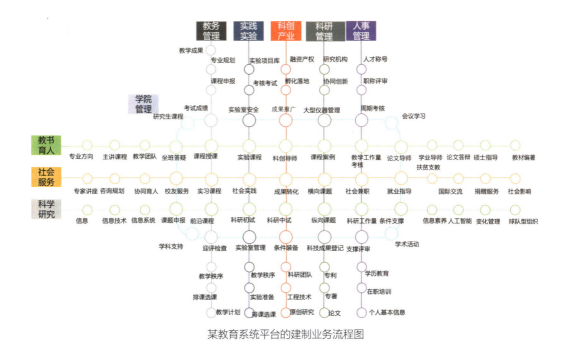

某教育系统平台的建制业务流程图

教育建制的生态支撑体系

大家如果将中国和欧美的教育进行对比就会发现，中国的副局长、副处长、副校长特别多，其中原因在于基于高度建制化的教育资金计划系统和为计划审计负责的迎评（责任、管理、权限、分配）组织管理机制，有自身的优势与劣势，但一定会耗费大量的从上至下而不是从下至上的资源，大量的教育目标依赖于这个系统，大量的浪费也归因于这个系统。例如，一所大学的教师有1000人，各种处室、教辅、后勤支撑、学校管理体系的教职工也有1000人。建制管理的核心是计划性地管控文件，比如，教育部有多少个司，下面至少就有多少个法定文件。我们过去的信息化，由于几乎完全采用欧美的方法，忽略了建制体系这个最重要的结构前提。

教育业务建制的构建

生　态

任何一个考核和教育管理的文件后续都应该是一个可以通过数字化和社会化逐步替代的生态体系。例如，实验教学的质量监督牵涉了几十个系统。以往的评估、开会、迎评、检查，都是孤岛系统；今后应该是生态的、全量的，甚至可以用一个新词汇来说是"教育元宇宙"的。元宇宙是教育的逻辑全量模型集，核心是教育业务。

平　台

过去为了维持一个庞大的教学系统的运行，管理者基本会采用信息办这种组织结构来进行统一标准、统一接口的管理，但我们看到教育平台越做越大，灵活性越来越小，管得越来越死，距离教育目标越来越远。如果通过平台化、数字化，利用元宇宙的教育数据基座，管理者就可以把应用和系统放给专业人士和市场，自己只需管理好业务模型和数据平台即可。

分　析

具体到基于数字化生态的教育业务分析，就演变成了高度灵活的面向用户自定义的流程与引擎，其中流程包括：业务分析（把文件变成横纵交叉的业务流程交通图）、建制分析（把业务流程交通图变成已有的教育建制连接图直接驱动已有的业务系统）、流程分析（通过流程引擎横向造桥、纵向造岛打造轻量化的联通系统）、数据分析（直接导出报表、可视化数据）、算法分析（利用算法库、模型库对书进行用户自助的实时模拟仿真）、优化开发微服务应用或者返回平台改进。

08
通识、博物与数字觉悟

什么是自觉？按照列宁的说法，自觉是指人们在社会活动中一定程度上理解了自己活动的意义，具有较明确的目的和计划，并能一般预见其活动后果。实质上，社会越是向前发展，人们自觉程度越高，自发正是自觉的萌芽状态。那么，什么是信息的自发与自觉的萌芽和专业的状态呢？

人类最早使用群体的信息沟通工具是图腾，也就是《人类简史》所说的八卦能力，靠着共同信仰月亮、太阳、树或者野兽，人类聚集在了一起，于是有了力量。后来，语言、文字更能够从信息的意义上完成了群体的文化基因漂移而变得一致。古代印第安人和中国人都发现了狼烟这种又便宜又好用的信号系统，它可以远程传递信号。于是，使用信息的技术开始出现，烽火台、驿站、信鸽，介于科学与原始自发状态之间的博物学开始出现。1685年，科学家罗伯特·胡克（Robert Hooke）又往前迈进了半步，他为木偶设计了一种不同部位不同标识的方法。后来，再经过克劳德·查普（Claude Chappe）的改进，流行一时的"查普信号塔"出现了。拿破仑依靠查普设计的系统，使法国的军队信号快速传递在欧洲战场上得以获得先机。今天还能见到的军舰的万国旗以及站在船头挥舞着旗帜的"旗语"都是以拉丁语系的字母和数字改进而来的信息系统。但直到这时，以上都还是"自发"从技术层面改进，远没有到"自觉"的层面，直到塞缪尔·莫尔斯（Samuel Morse）的出现。

拿破仑靠着查普设计出来的信号塔威慑大不列颠

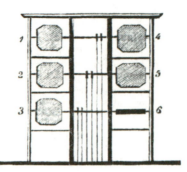
信号塔 3.0 版本已经变成了拉丁字母符号

轮船上的万国旗其实不是国旗，是信号塔 4.0 版本

莫尔斯是美国享有盛誉的画家，由于工作繁忙和信息不畅，错过了与妻子的临终见面，这件事促使一位外行的画家转变成一位通信科学家。最开始，他自发地使用 26 个英文字母去表示电路的开与关，难度极大。后来，他无意中使用了一种新的今天被称为莫尔斯编码的东西，方才豁然开朗，终于发明了电报。从有形的烽火、听得见的语言、看得见的文字到逻辑上看不见的编码，莫尔斯把信息变成了科学。欧洲数学家乔治·布尔（George Boole）发明了布尔代数，直到差不多 100 年后，才由约翰·冯·诺依曼（John von Neumann）完美地整合进计算机架构中，完成了从自发到自觉的过度。

最终把信息变成科学的是香农。香农认为，我们看见的画、文字、图片都不是信息，只是信息的载体。通过一系列对热力学和密码的苦思冥想，香农终于发现了信息的本质。我们在管理学上认为的封闭的组织容易死寂、冗余信息可靠性强、第一个获得信息的人获益最大等一系列哲学类的思考，是靠天才受到"自发"的启迪，而香农把控制、管理甚至社会现象变成一个等价的可以计算的信息科学：香农公式、信息熵、条件熵、信息编码、信息通道、互信息、信息增益等。今天，我们突然受到灵感的启发有了一个创意，在信息领域无论如何都是业余的，因为信息论的诞生，把信息这件事从"自发"已经变成了"自觉"，萌芽与专业最大的区别在于一套行之有效的流程与计算体系使之预测的偏差可以得到控制。

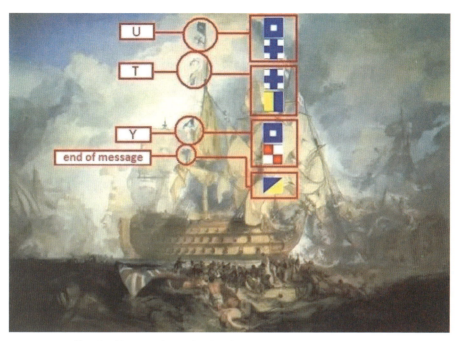

熟悉编码的人看到这个图会明白，校验码并不是计算机程序员发明的

最近北京大学的郭文革教授在一番谈话中说："今天，在概念满天飞，造词创新盛行，STEM、翻转课堂、慕课等舶来概念还没有界定清楚，就投入大量人力、物力，轰轰烈烈大干快上的时候，弄清楚概念在说什么、是什么，似乎对于教育改革和创新来说至为重要。"我深以为然。我总是对几个字母堆起来凑出的容易记忆的概念深怀警觉，容易记忆与共鸣往往是一体的，文字概念这种东西往往会掩盖内涵的浅薄。一个真正的学科一定有自己深层的数理逻辑，例如人工智能教育就不能避开深度学习、贝叶斯理论、矩阵、行列式、方程和变量，但是目前的中小学人工智能教育总是在"自发"的层面绕道，在博物与通识的层面上做"科普"。而 STEM，把数学、科学、工程、技术变成独立的变量，这种教育就不能避开数学与算法、科学与逻辑、工程与效率、技术与工具，每一对概念中都有人类丰富的"自觉"的文明遗产，绝对不是普及和通识以及了解一下能够解决的。

从通识到博物，再到信息自觉，最终到专业与专业精神，是教育者必然要考虑的上升之路。

09 智能时代教师如何做人工

我家搬到上海的这个小区已经有 20 年了。最近,我早上跑步经常与小区里驾驶着扫地车的花农大爷打照面,一来二去跟他们就熟悉了。20 年前他们用扫帚扫地,由于工作劳累而没有任何机会聊天,而现在开着扫地车扫地的花农大爷会专门在地上留出树叶显示自然美来迎合小区居民的审美,更像脑力劳动者。心态的变化使得我们逐渐拉近了距离,互相问好,甚至更深地沟通。技术让体力劳动者更有尊严,也使我这样的脑力劳动者不再片面地看待劳动这件事情;我也因为这次跑步的体验而重新对生命和体力有了更加深刻的认识。由此,我突然想到,40 年前课文中和新闻中的教师也是"烛光里熬瞎了眼睛批改作业到深夜",与 20 年前大太阳下突然倒地的花农大爷一样是"用燃烧来证明价值的蜡烛"。而今天,如果一个媒体在宣传中反复强调一名教师用体力来摧残自己的身体获取教育价值,反而很难得到认同。那么,在技术智能时代,作为一名教师,又将如何做好自己的人工呢?

《教育中的人工智能》是华东师范大学出版社出版的一本有关人工智能的书,由韦恩·霍姆斯(Wayne Holmes)、玛雅·比利亚克(Maya Bialik)、查尔斯·菲德尔(Charles Fadel)三人合作完成,该书从另外的视角启发我们重新看待人工智能和人工智能时代的教师。与一般的技术类书籍不同,该书的三位作者都是技术与教育的融合性专家,都是从教育出发而不是从人工智能出发来探讨这个问题。书中对教育技术以及教育人工智能的历史和系统进行了梳理，把教育定位为知识、技能、品格、元学习，技术学习和学习技术的重要性对于学习者来说具有"可迁移性"，由此探讨了学什么、怎么学和学习的价值问题。作者没有给出结论，但在我看来，最初的教育技术除了"提高改卷的正确性与效率、减轻教师工作量，激发进行更多的创造性灵感活动"的作用，并没有肯定的和明确的优势，反而有非常多的值得讨论和商榷的争议，也许没有答案才是谨慎的、严肃的和正确的。例如，书中提到的中国某学校用人工智能分析学生上课注意力的案例和给学生提供标准化的答案是否能够代替教师柔性的指导。目前，想当然地把技术当作答案强推给教育界才是最大的隐患。

谈起技术进步，经常会有人谈起"乔布斯之问"。其实，在与客观世界做变革的领域，技术都快速改变了世界，而在与人和社会做互动的领域，信息技术的作用往往不那么明显，甚至是反向的。例如，信息技术如何改善家庭关系？如何改变单位的上下级关系？如何改善政府的治理水平？如何促进了爱情？

何多苓的《春风已经苏醒》，画的不是姑娘、牛和狗，是时间私有化的画家本体

《人类简史》和《今日简史》中，尤瓦尔·赫拉利提示：人作为高等动物并不仅仅在于使用工具和技术，更在于"八卦和虚幻"的非理性能力；正是这种能力，使得人类相信了"组织、国家、精神"，才聚合起来群体的力量。而碳基生命与硅基电脑最大的区别在于，同样是"智慧"，人体现出"意识"，而电脑体现出"计算"，很多结果一样，但是表现形式完全不同。

机器与智能擅长的是计算，在重复、繁杂、大量、标准化、精准、不出错的领域体现出"出世就是高手"的特点，作为"常规任务与自动化替代"无疑是趋势和方向。而作为生命体才有的"意识"在"开放世界的生存经验、根据抽象价值做出决策，跨范围、多来源形成问题并做出解释，跨越维度有策略地使用有限资源，需要更好的理论与实践来组件人机团队"等方面，具有机器无法比拟的优势。因此，很多专家不赞成把 AI 叫作"人工智能"，认为更应该叫"增强智能"。也就是说，意识虽然不一定靠谱，却是生命的第一驱动力；智能虽然功力强大，却一点儿也不可爱。

摄影与绘画最大的区别是什么？作为摄影师是永远悲哀的，因为拍得再好、再艺术，观众永远用客体来审视这件作品："这么美是哪里？我也想去！现在怎么样了？"而画家的作品不同，观众永远会问："画家在反映什么？当时是什么场景？画家是怎么想的？"画，永远是主体的。同样的逻辑，昨天一个视频被推送过来，我听了一下是人工智能配音，10 年前也做过一次，相比之下现在进步特别大。我想，如果放在 100 年前，不知道有自动配音之说，人们一定都会认为这就是人在说话。可是，这些年自动服务逐渐把人们的耳朵训练得分得出机器和人的区别了。更加可怕的是，无论机器如何在理论上证明自己像人，人还是能迅速进化自己的概念：人声是贵的，机器的声音是不值钱的，并让耳朵也相信。食物也是如此。所谓有机，所谓纯手工制作，所谓儿时的味道，不是一种能够用数据描述的客观存在，而是主观的概念。人们对"时间的私有化"具备天生的分辨进化能力，概念来自于主观，而主观来自于对"时间私有化"的分辨。指望人工智能代替人，小看了人的进化和善变，工具这东西只能代替工具。

回到教育与教育人工智能。教育最大的不确定性在于要培养对象的可迁移性，也就是服务于未来的行动能力。因此，作为服务于非理性的人的教师，需要对教育领域有专业理解；需要把"意义"而不是"算法和计算"放在首位；需要优先为学生提供创造意义的机会，让学生适应逐渐复杂的意义和社会技术环境变革中的可迁移性；需要通过对本身不严密的"概念"的不断澄清，来加深学生对"概念的理解"，并且通过把概念放在首位，整理学生的关键知识框架、工具清单和组织层次，关注跨源学科和跨学科主题，最终实现学生在未来认证环境中运用已学的知识、理解核心概念和元认知的能力过程。以上过程，与人工智能发展中所采用的数据密集型科学计算，如神经网络计算、池化等关键过程完全不一样。教师可以把算法作为工具加以使用，把擅长的事情做得更好，但却不能指望人工智能，就像《教育中的人工智能》中那句我最赞成的结论——"目前尚不清楚教育引入人工智能是否能担当重任"，更不用说替代教师了。

回到本文的开头，如果教育是更加高效地给学生头脑中塞进固定的知识，运用工具未尝不可。这可以大大节省"园丁"的劳动强度，而节省了的这些劳动强度，可以让教师更加有尊严地做人，让学生更加有空白期去发展自我。

评判绘画的好坏有一个基本的共识，那就是在似与不似中间是否具有想象力。教师作为人的最大的"人工价值"在于他的教学与绘画一样有四个层次——能、妙、神、逸。技术能解决第一层面的"能"，而教育的"妙品""神品""逸品"，如同绘画一样，没有阅历、缺点、洞见，是不可能完成的。而最关键的，"神品""逸品"，是天生的，要想不损坏天才，教师首先要做一个有专业基础、有情谊和有缺点的人。

10
主观即教育，
客观即智能

我经常见到一些管理者在规划信息化的时候，有一种特别的执念类表述："我希望看到每一位老师、每一位学生、每一台设备、每个时间段的所有记录，并用可视化展现。"这些管理者一般的特点是要么没有教过学，要么完全是技术出身或者行政出身，希望用"客观的真实来掩盖主观的不自信"。这引起了我这些年不断地思索：教育是什么？信息是什么？尤其在当下，常有人说技术会让教育产生巨大的变化，那么，到底是哪些变化？

人工智能的发展源于计算的发展，而不是意识方法论的进步。人工智能只关心计算，只要有足够多的数据，就能让计算足够准确。打个简单的比方，哥白尼提出了日心说，然而由于对正圆的执念和相关数据的缺失，计算并不准确；而托勒密的地心说由于拥有大量的模型和算法拟合，计算却是准确的。因此，直到开普勒和伽利略努力百年，日心说才被人们接受。日心说之所以是科学，因为它更加符合科学逻辑和奥卡姆剃刀原理。然而，用今天的人工智能来计算日心和地心，其实并没有那么大区别。事实上，如果站在并不存在的"以太"的视角看待太阳系的运转，并不存在日心和地心。人工智能只关心计算，有足够多的数据，就能让计算足够准确。

这就牵涉出一个问题：为什么人工智能这么发达，而在最简单的生命的意识问题上却毫无进展？

对于这个问题，德国哲学家马库斯·加布里尔（Markus Gabriel）在他的《为什么世界不存在》一书的第一页就说明了："一切世界图景都是错误的，无论它们将自己理解为科学的还是宗教的。认为自然科学总体上能够认识世界整体的自然主义与如下看法同样都是错误的，即世界由物理的与非物理的两个部分组成。世界根本不存在，不存在将一切存在者作为部分而包含进自身的整体。"也就是说，宇宙是存在的，是客体；而包含宇宙和观察宇宙的人的世界，却是主观的，是"不存在的"；试图用客观世界的逻辑去研究主观世界的主题，在逻辑上是行不通的。

再回到文章开头提到的那些管理者或者教师经常看到的客观世界对教育的指责，最大的问题在于，我们今天谈到的教育既是主观的，又是客观的，归根结底是主观的。

从最早的捕猎、母语、故事、图像，到后来的文字、神性与宗教，技术时代不同，便以不同的形式定义教育，教育本身也一直纠缠于主观与客观的二象驱动。每次技术革命，重新定义的都是主观的内涵和客观的边界，但直到1717年，教育更重要的还是个人和个人资助人的主观范围内的事情。如今，伴随着国家的兴起和人力资源的建制化，有组织的劳动力和智力资源就逐步具有客观属性，伴随着主观属性的被压制甚至被忽视，教育更多地被认为是一个社会、国家、经济运转的一部分，当然也是客观属性为大，这也造成了哲学上经常讲的"现代性的迷失"。

英国的城市化并没有出现预料中的牛粪最终把伦敦堵死的局面，蒸汽机与机械化的发明也并没有出现预料中的恶劣的环境与工人营养问题的持续恶化，第二次工业革命的诞生也没有产生卓别林的电影《摩登时代》中所预言的自动吃饭机的普及。技术的客观问题总归能用客观的技术进步来解决，技术带来的主观地对人生命和生命价值的摧残反而是造成社会灾难的源泉：雾都孤儿、第一次世界大战、由于经济与技术快速不平衡带来的人类历史上最大的全球杀戮。技术既可以是客观的手段，又可以是主观感受到的威胁，而每次危机不是靠技术进步自然解决的,而是靠人类的主观看法与共识的进步:人到底是什么,什么是人的价值?

1998年我读硕士,当时的院长告诫我们,教师不会使用PPT将会被现代教育淘汰。2007年我到大学任教,一次突然停电让所有只会使用PPT的教师傻眼了,而用板书上课的老师价值凸显出来了。技术的"透明化"会让越来越多的技术更加易用,就像今天的ChatGPT一样,计算藏在后面,师生却是意识的主人。

也许意识问题有一天会有巨大的进展,然而依托于意识的主观性按照加布里尔的说法,是不可能在逻辑上得到解决的。在加布里尔之前的2000多年,欧几里得就发现数学也是不完美的,为此必须加上五条公设,第五公设还被争论了千余年。进入20世纪,哥德尔提出了数学是不完备的,并被图灵证明;到了20世纪中期,维特根斯坦提出语言与文字的概念问题,认为我们的意识是不严密的,存在自证,那么建立在概念基础上的主观性就不会被客观的人工智能取代。唯一要担心的危机在于,这场客观的价值转换通过技术进步,使世界上的一些密码由主观交由客观,非常大比例的一些原有的具有主观价值的人(教师和教育),将让位于能力比人强得多的人工智能,人的价值与教育的价值需要重新聚焦。

再次回到开头的外行管理者对教育的宏观叙事的控制执念,我发现真正业务出身的教师并不像外行那样对教育产生焦虑,因为对他们来说,升学率、名校、考评等固然能够证明自己,然而这些都是客观的和外在的。多年来,他们冷静地面对具体的、复杂的、小众的、特殊的学生,这才是一位好教师真正的价值,而这种价值的发挥,不在于教育条件和教育技术,而在于教师和学生的主观能动性。

第二章

数据驱动的教育智能

让生长发生在熟悉的边缘,
把期待于阳光下展开,
训练交付给时间去研磨,
让意识遍历信息的节点。
躯体沿谶语才越走越快,
灵魂在茧房能看破云天,
把计算收进天赋的匣子,
生命静候展翅的瞬间。

人工智能近70年的历史,灵感来自于对生命与意识的感悟,突破产生于计算与统计的成熟,模拟人的判断造就了人工的效率,重新反哺于人的学习,会十分惊讶于机器拥有的智能与人所天生的智慧。人工智能教育在本质上是一种从哲学层面对人工智能进行深度思考以此获得数据思维、模型、算法的教育建构,教育人工智能的发生有利于将人从重复劳动之中解脱出来,需要对教师与学生个体更加尊重。无论是智能还是智慧,都应体现大众定位、小众立场,不可加大人与人之间的潜质鸿沟,却必须体现个体之间的本体差异。

01 教育好大一棵树

2020年新年伊始，新冠疫情席卷而来，全国人民都在努力抗疫，教育界也加入其中。利用慕课、微课、直播课等技术，互联网教育机构迅速做出了反应，且远远提前于学校开学时间。然而，我们从中也看到了值得思考的几个问题。

第一，基础教育在线课堂的反应更多的是一种早已存在的焦虑贩卖，教育部门要求的"停课不停学"迅速发酵成为全社会的"停不停课学"。被困在家里的8岁孩子从大年初一到初十学会了8道菜，看了十几部好电影，正准备读几本名著（这些都是以应试为指向的学校远远不能给予的）。然而，初十开始，学校的教师动员起来，区教育部门动员起来，市教育部门动员起来，家长群、班级群全部动员起来，小黑板、QQ、微信、在线直播、有线电视、空中课堂一起涌来，原本好好的一个假期提前进入到打卡补课模式。原本我想让她读几本名著，学几门手艺，管理好自己，锻炼好身体，可现在前有任务，后有作业，一个8岁的孩子每天早上从8点开始听直播，直到晚上7点作业还做不完，难得陪孩子在一起的教育责任，又被焦虑收回去了。

第二，其实这些知识学生不听也罢，我想无论到哪个时候复课，都不可能直接接着这些网络课程讲，难得的自主学习和经受时代教育的锻炼机会，被远程教育替代了。而最值得警惕的是，投入教育信息化较大的学校（无论是高等教育还是基础教育），几乎没有能进去的网，"信息办成为信息化的阻碍力量"

一语成谶。既然学校的投入打水漂了，互联网公司就完全接管了在线学习，可是几乎没有适合素质教育的内容和管理让这种空中课堂如同脱缰的野马，即使有一些诗词和素养课程，也都被所谓的比赛和考级类目标明确替代。混淆学习与教育是这次疫情中教育的最突出表现，教育工作者原先的教书育人体系全部被打乱，本来好好的一个孩子与父母一起学习和深度分享的难得机会，被事实提倡的补课体验完全替代。

第三，教育即社会，学校即社区，在疫情实战面前，教育的目标是什么？孩子将来长大做什么样的人？从事什么样的职业？为了这个职业需要进行什么样的努力？这些努力由什么学校的什么岗位来承担？这些岗位的教师如何起到作用？面对封闭的环境与过剩的信息，孩子与家长如何一起面对？原本一场深度扎根的修行，演变成为了复课而随时冲刺的比赛，而在这场比赛中，最缺位的是学校。

第四，回顾社会的历史和教育的历史，我们会惊奇地发现，在兵荒马乱或者其他原因创造的相对真空的环境里，往往会出很多大师，他们能够做很多大事和进行深刻冷静的反思。而如今，由于网络和信息化，成年人在各种群里如饥似渴地吸吮和转发着毫无意义的焦虑信息，孩子们原本在实体校园里还相对丰富的教育生活被搅乱。

教育是什么？学习又是什么？社会是什么？家庭又是什么？100多年前杜威发表过权威的论著，他的学生陶行知也有过很好的解读。面对灾难，原本应该回到原点，重新考虑我们的初心。然而，这一次的疫情，我看不到这些。

今天，我就重新回顾和梳理一下我心目中的教育，希望把这种心境稍微往回拉那么一点点。

我用"叶、枝、茎、根"这些比较浅显的比喻，给大家介绍一下什么是教育，也借此来给自己和孩子以及慌作一团的家庭创造一个安静的缓冲地带吧。

教育好大一棵树

教育之叶

杜威说，教育的目标是"让教育继续下去"。什么是好的教育和成功的教育？杜威曾经讲过一个例子，说如果灾难突然降临，好的教育就是让教育能够继续下去，就如同一个三年级的孩子在没有任何教育资源的情况下，他还是能够拿起三年级下册的数学书，继续三年级上册的课程，并且喜欢和能够继续学习。杜威认为，教育是一棵大树的树叶，每年每片树叶自己能长出来才是教育，活着的才是教育。如果没有生命的活性，死的知识是配不上活生生的学生的。也许树叶长得并不是这么旺，但是花开了，花落了，树叶掉在地上了，来年又重新长出来了，这才是教育。正如我有两个女儿，可我从来不认为她们是简单的重复，也不认为她们的学习目标是为了长大成为什么。树叶的存在在于长青，孩子们的教育也在于青。人生最美好的年龄就是学习的年龄。因此，我更希望这棵教育之树的树叶，就在这里享受阳光。也许今年的阳光不如去年，但是遇到这样的阳光，甚至遇到严寒，孩子照样希望与父母交流，与学校交流，这就是树叶的用途。有朝一日树叶枯死了，装上假的叶，那是一棵更好的树吗？我不这样认为。

教育之叶就是教育的目标，教育的目标既有被教育者的生长目标，也就是杜威所提倡的"教育无目标"，又有教育捐助者、家长、政府、社会对未来人才的培养目标；既有短期目标，又有长期期待。突如其来的危机和灾难最能真实暴露文明的差距。在这一点上，信息的充裕不但不能方便地让人找到前景，反而更容易让人迷失。

教育之枝

每棵树有每棵树的形状，每片叶有每片叶的枝头，没有了枝，叶就没有了营养，就成了死的或者假的存在。教育之枝是专业，是学科，是社会的角角落落，是大千世界的灵魂伸展。支撑叶的是枝，完成教育之枝的是教师。每片叶子都相似，每个枝头也类似，但是它们的源头与基因绝对不同，这就是专业，这就是不能忽悠之处。每年树叶掉过一茬，病枝也会被淘汰一些。教育要想继续，就需要教师，需要枝头连着根茎，去重复输送营养。

有人说互联网会取代教育，有人说速成的假树比真树还漂亮，我认为，一棵树之所以有价值，是因为枝分得好、叶长得青，是因为蜜蜂来采花，是因为小鸟来做窝。一棵活的树，是千万根活的枝生长的支撑，每根枝条都不是重复的，都不是可以替代的。这就是真树与假树的区别。

教育是一件非常专业的事情，这种专业的事情要求到了关键的时刻、压力大的时刻、未知占据多数的时刻，第一线的教师能顶住压力，能有说不清的又非常准确的直觉。教育之枝是教师的职业，既有专业性又有直觉感。

教育之茎

实体的校园与校园的管理，尤其是教务管理、实验管理、成长管理、学科管理，是教育之茎，是连通枝叶与根的营养输送的支撑。没有茎的树成不了大树，没有茎的枝长不成相互连接的形状，浮萍一季，大树千年。大树向枝叶输送营养，就像学校的教育管理部门向教师、学校进行结构化的信息供应，教务系统、学生系统、考评系统、实验室系统、后勤系统，一个个单调的茎里面，都是鲜活的高浓度可复制的信息。

有人说互联网能替代学校，又有人说学校剥夺了学生个性化成长的土壤。是的，植物有很多种，但作为维护生态环境最重要的树，始终是大自然中最让人难忘的主流。教育与学习最大的不同就在于学习者可以有自己的自由，但是要做景观树和行道树，就一定要有茎的规划。实体校园、教学管理、教育考评、教育预算，冷冰冰的教育背后不一定是顶尖的教育和个性的生态，却是这个社会必不可少的结构的钢筋。

教育管理部门不可能围绕每个孩子形成成熟的"教育即生长"，但如果是技术官员管理的教学，就不会偏得太离谱，就会围绕阳光进行自身的笔直的矫正。这种矫正的支持系统是六个字：资源、活动、评价。其中，资源包含信息化、课件、教师、营养传输系统；活动包含各种排课、预约、师资供给、后勤供给、学生更新；评价包含围绕外部目标而进行的考评、考试、证书。如果教育之茎在危机到来的时候不把自己的主业聚焦在资源、活动、评价上，而是放任临时导向的互联网教育去主导、剥夺学生的时间，去做原先教师的枝的事情，就是舍本求末。

教育之根

对于一棵树来说，树叶可以掉落，树枝可以砍掉，树茎可以折断，只要把根留住，假以时日就会重新发芽，长出几乎一样的枝叶。因此，我们看到，只要教育的根在，文化就会复苏，学校就会复校。那么，什么是教育之根呢？

知识是教育之根。根是会更替的，正如知识也会更新一样。知识的寿命是 10 年，孩子小学入学时掌握的知识，只要等到高中毕业时能够不过时，这种知识就是有用的。互联网上的多数不是知识，它们只有 3 个季度甚至 3 天的寿命，根本撑不到下一个迭代的周期。10 年不过时的知识，随着教育的形成，

10年后会让学生获得新的生长。知识有深度，也有广度，正如根有范围，也有深度一样，教育之根越深就越扎实，教育之根越广就越丰富。

技能是教育之根。无论是大脑思考，还是眼、耳、口、鼻、四肢的训练联动，知识要变成人的力量，就只有协同肌肉合唱，肌肉记忆力几乎是终身不忘的。20年不变的技能，是教育的要求，如同树根的生长一样，人与技能的协同是虚拟无法替代的。中小学的音、体、美，大学的实验项目，全部需要技能的训练。技能的训练与树枝的生长一样，成年以后就很难学会，这是教育的专业性，也是教育的时间窗口。

体验是教育之根。当学校成为一个景点，与公园没什么两样，实体校园就是孩子们青春时代的大观园。教育藏于实体、藏于场景、藏于校园，也就藏于体验。这种体验通过根的给养、茎的传输、枝的支撑，最后到达叶的表达，每一片叶子都是一个全息的孪生，那是因为每一片叶子都来自深深的根的体验。协同中的团队精神和竞争意识即体验，教育没有体验，就像树木没有生根，长不高也落得快。

教育好大一棵树，看到了叶要知道枝，看到了枝要知道茎，外观都看到了，还得看到的深深的根。拔了树，不留根，有些互联网教育机构就是这么张狂，这么短视。我情愿看得见的都拔走，留下深深的根去体验腐败的现实，只要春天来临，还会长出孪生的树，这就是教育生命的奥秘。

十年种下一棵树，百年才能长成材，说的就是教育。然而，总有人拔苗，总有人助长，总有不懂行的试图颠覆，这个时候，"树"不要急，还是要慢慢长出自己的"根"。

02 教育建制的四对关系

从单机到网络，从网络再到云，新冠疫情加快了网络向云变革的节奏。云时代，作为建制派的信息办应如何既接受组织的委托不辱使命，又疏堵结合助推教育服务呢？我认为，应该关注四对关系：聚焦业务还是松散集成技术、贴近业务逻辑还是甘当边缘技术服务、公开共享信息还是支撑与保护用户隐私信息、提供什么样的教育智能服务支撑智能时代信息素养本身的教育。

聚与散：聚焦学科主题的信息资源平台

改革开放 40 多年来，从来没有像今日这样紧迫需要教育培养目标明确、指向清晰的学科人才，准确地说是以科技学科为核心的学科培养。校园信息化、业务信息化、数字化校园、智慧校园，这些名词没有错，越来越多的名词不能掩盖松散且没有内力的教育信息化现实，而学科成为教育信息化最应该关注的主题。

> - 信息系统的开发与规划建设围绕教学服务、综合素养、教研服务、协同治理、行政服务。
> - 教育过程和教育目标围绕办学条件的信息化展现和透明管理：资质认证、师资队伍、空间房产、教育装备、电子资源。

- 信息动态围绕学科质量毫不含糊：学业动态、考评动态、培训动态、教研动态、素养动态。

社会是大学的风向标，大学是基础教育的风向标。学科与学科教育已经在大学成为一股洪流，作为大学人才的入口，中小学也一定跟着改变，中小学的信息化势必也要围绕学科，聚焦学科主题。

远与近：用学科逻辑纽带牵引教育技术中硬件、软件、数据三驾马车

在云变革时代，用户迭代和数量大大加强，数据为王逐渐被接受。所以，我们应远离形式化的外壳，拥抱业务数据，用学科纽带而不是财政预算纽带牵引教育技术中硬件、软件和数据的三驾马车。

- 硬件：基础设施云端化、边缘计算节点化、教育装备智能化、资产设备服务化。
- 软件：平台软件共享化、社交软件私有化、专用软件共享化、专业软件定制化。
- 数据：文件数据权益化、物联数据落地化、计算数据封装化（微服务、内存数据）。

早在10年前，美国加州大学就提出硬件、软件、数据的投资比例为1∶20∶200，这正在中国各教育系统成为现实。

公与私：用云地存储的护城河定义数据的安全域

在校园信息化时代，信息办承担着不能承担之重，经常被问：数据能不能

上网？其实，数据是分为很多层次的，数据本身也是分为完全不同的类型的，用统一的行政指令来管理校园，再加上越来越复杂的网络环境，"拔掉网线是最安全的选项"成为不可解的死结。

- 云时代提供了另外一种可能，公开数据不再放在校园，不同安全域的数据用存储定义为不同的安全等级，校园和关键数据的云端建立起用户资助可控的安全的护城河。
- 公开数据：上云、上网、数据源隔离、权限、认证、加密、备份、分布、端口、接口应用。
- 隐私数据：加密传输、分步计算、内外区分、脱敏处理、数据隔离、指定存储、访问授权。

用句俗话说，"谁的孩子谁养"。教育信息化不是校园信息化，建制派教育的信息办应该管好建制派的数据安全，互联网上的数据放给互联网和用户，在校园和互联网之间，建立好数据的护城河。

主与谓：教育智能与智能教育

大学的信息化部门由于专业分工，一般不再与信息化教育有关，而多数中小学的信息管理员既是信息教师，又是校园信息化的管理人员。教育智能更多服务于教育部门、教师，中小学中所谓智慧校园和人工智能教育可以提高学生成绩，我认为多数不靠谱，也不建议下太多的功夫在学生身上，将更多的精力放在教师培训、评价、考核和教育过程的监管上也许更好。

智能教育，即将人工智能和信息技术学科融合到学科教育中，我认为这应是今后教育的一个重点。人工智能需要人的哲学思维、表达能力、数据算法、劳动动手，以及物理、化学、生物等各学科的融合，更需要学科教师的主导、信息技术教师的支撑。

- 教育智能：重复劳动与持续训练、教师评价、资源图谱、行为词云、潜质培养、形成性评价。
- 智能教育：逻辑思维、数学能力、编程思维、算法思维、信息思维。

从教育智能到智能教育，主语与谓语完全颠倒，重点也完全不一样了。

03
教育数字化下
对关键少数的思考

最近看抗战的一段历史，浙江大学西迁，竺可桢校长一路保护着仪器设备，一旦敌人的炮火停息，首先保证的是学生们能拿出瓶瓶罐罐做实验。正是靠此，特殊时期浙江大学的实验水平一点儿也没有下降，学生规模和质量得到保证。实验这件事，在竺可桢看来是教育的关键少数。回到当下，始于2019年末的新冠疫情对各学校的教学冲击很大，在普遍多数"网课"和关键少数"实验"中，80多年前的竺可桢的境界，可以帮助我们理解教育治理和质量这件事。

经济转型、社会转型、高质量发展，不仅仅在于提高普遍多数的水位线，更在于弥补关键少数的短板。在数字化浪潮的驱使下，什么是学校与教育的关键少数？如何避免网课带来的教育缺失？对"教育的关键少数"的重视，不可缺少。

人员的关键少数

谈及教育质量提高，往往重视的普遍多数是教师、院长、校长、学科带头人等，但从制度和运营的角度来说，不被媒体和大众重视的一些沉默角色，他们恰恰是关键少数。例如，一所学校院长走了，对教学质量的影响并不

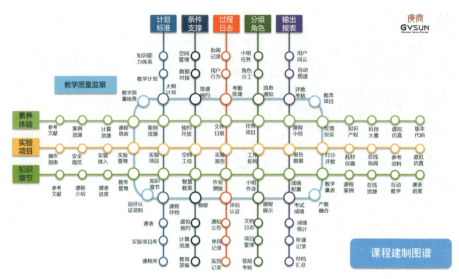

深入了解课程治理的内在逻辑会发现普遍多数背后的关键少数

大;教学秘书走了,如果交接不好,无论是对评估还是对教学运行的影响都是巨大的。

与教学秘书类似的角色在学校还有科研秘书、办公室主任、实验中心主任、教学科主任、实践科主任等,他们使用的是一套纸制的或者电子的系统,维持的是一所学校核心的教育操作系统。随着数字化的进行,标准化的东西可以被数字化、软件化取代,然而经验和特色却需要落实在管理人员身上。

教学应用的关键少数

与院长、知名教授、学霸状元等普遍多数受到关注不同,上述角色一般是默默无闻的。读书过程中未必出色的一个学生几十年后取得了巨大的成就,如果归功于母校的教育,这就是关键少数的重要作用。可以将学生取得的成就归结为一位教师、一个教法、一种校风的影响……但关键少数维持的一个教育体系才是根本。

教育体系是一套制度、一套流程和一个执行运行体系。教学应用中除了金课、示范课程、教学成果奖，背后的关键少数应用——教务排课、实验室排课、导师系统、论文系统、资源系统等，是维持一所学校教学水位线的基准，更体现了教育治理层面的关键少数。

教学的关键少数

成绩、升学率、状元、名次，是一所学校教学的普遍多数，而一所坚持长期主义的学校，需要真正做好教育实验探索这件事，这与教育的特点相关。教育是"改造世界的信息模板"，"教学方法比教学内容更重要"，体现在学生未来采用母校的模板去改造世界，而不是内卷。因此，非常多的名校都叫"新学校""实验学校"，改革开放初期叫"外国语学校"，其实验和改革职能和教育的特点相关。

与上述相适应，学校的教研、教改、示范课程、教学成果、教案，如果仅仅为了获一个奖、评一个职称，就误解了教育，更重要的是通过以上"表演"，为学生提供除了现实用途之外的一种"不同的样子"。看惯了"表演"的不一定能提高孩子的学习成绩，更重要的是提高他们的眼界，教师改革的过程，就是带领学生改变学习的过程。

学业治理的关键少数

从电化、网络化、信息化、智能化到数字化，提供的是标准化的支撑，解放的是个性化的师生。因此，数字化更应该提供各种教育治理常用的长尾关键少数应用，如不被重视的过程记录、结构化检查、课程库、实验项目库等。

信息化的关键少数

提到信息化，一般首先想到的是网络中心、信息办、教育技术、硬件等，这些都是普遍多数，而数字化教育的中心是从管理转移到支撑与服务，转移到教与学，所以围绕核心教育的"核心少数"，往往是信息化的"关键少数"。

这些亟待解决的是教育的数据基座、用户自维护、业务驱动建制中心（信息资源目录、结构、连接、元宇宙）、报表系统、计算数据长表，将其从懂教育的技术变为懂业务的平台。

04 从 Analysis 到 Analytics

同样的一个英语名词，如果看起来很像或者完全不像，翻译的时候就要特别小心它们的微妙区别，遇到词义有分歧时，回到两个词的词源是一个好的办法。Analysis 和 Analytics 这两个英语单词容易搞混，它们在古希腊语中有一个共同的词头，但却有了不同的词尾，这并不是语法上的变化，而是组合的不同。

Analysis 原本的含义是把复杂问题简单化，也就是"分解"，而 Analytics 却是"分析逻辑学"，一点儿也不简单。

总体来讲，作为传统管理者和业务人员应具备的一种能力，Analysis 与 Analytics 有 10 项主要的区别。

碎片化和系统性的区别：前者是使用还原论把复杂问题简单化，找到关键点改善决策，如发现需求、提出或改善某些问题的解决方案、组织上的变更、业务流程的改善、策略性的规划、政策的制定。后者是从系统论总体考虑问题，发现、解释和讲述数据中的模式以推动业务战略和结果而采取的所有步骤。

能力和岗位的区别：前者是一种管理者能力，而后者是一种岗位。

大众化和工具化的区别：前者把数据能力外包给专业的计算机人员处理，如数据的清理、转换、建模和询问数据以发现有用的信息，再由管理者按照自身的能力使用不经过专业培训的普适工具或者不用工具。后者需要经过专业训练再使用专业工具,包括人工和机器支持的步骤。

定性和定量的区别:用数据分析目标是定性,做出判断和决策。发现趋势是定量,围绕数据,核心是高深的技术、模型和算法。通过对数据的深度分析获取那些通过定性分析和定量分析根本无法获得的洞见。

业务驱动和数据驱动的区别:前者是在业务驱动情况下做出的行为,后者是在业务数据化后以数据驱动做出数据判断。

普适性和行业性的区别:前者可以通过经验调往完全不同的行业做管理,后者需要使用数据分析工具、编程工具、可视化工具等。

通用技能和领域技能的区别:专业化程度高的行业逐渐形成了一些行业内专用的分析工具。例如,经济分析师不会使用 Excel 去做分析,天气分析师不可能去用 MindMaster 做分析,地铁工程师不可能使用 Visio 去做地铁图,医生不可能使用 PS 去看透视片。

能力主导和业务主导的区别:前者首先要具备管理能力,后者首先要具备专业素养。

静态和动态的区别:前者分析统计历史数据为未来决策提供判断和依据,后者关注所有引起变化的变量,注重趋势和动态。

为上服务和全景服务的区别:前者为管理服务,为上级服务,后者为专业提供全景服务。

鉴于以上区别,所以我更倾向于把 Data Analytics 翻译成数据分析学,把从事数据分析学的专业岗位人才称为数据分析师。从数据分析到数据分析学,从数据分析能力到数据分析师,相信教育今后会有以下更高的要求。

> 专业素养:拥有 SQL 基础,掌握 R 语言或者 Python 语言,以及数据可视化工具(如 Tableau)、数据处理工具(如 Kettle),掌握开源代码发布使用能力(如 GIT),掌握 Business Analytics 主流工具(如 R Analytics、Microsoft Power BI、Google Analytics)。

> 业务意识:教育数据分析师的领导需要是教师出身,最好是"主业教师",教

育数据分析师需要拥有一门专业领域的教师工作经验。

> 调查统计能力：需要掌握较强的分析能力、统计能力。既要针对教育趋势、教育技术趋势、信息化主流技术趋势、同业竞争、教育定位、行业发展趋势进行调研，又要对内部的教育机构的历史、教育发展情况、教育信息状况、师生来源等数据进行分析。

> 沟通与逻辑分析能力：要将整理好的大数据做成数据报表并与相关系统对接，需要高超的工作能力和很强的沟通能力。原始数据没有价值，取而代之的是对这些数据的处理提供了价值。

> 团队协作能力：教师不仅需要与自己部门的人合作，制作一份数据分析报告，更有可能与不同教师、不同供应商合作，与开源社区、公共平台合作，根据教育发展趋势研究新的教法、教具。

05
Computer 还是 Information？

我在美国考察过将近100所大学，注意到一个有趣的现象，那就是中国每所大学都有的计算机学院，在美国几乎是不存在的。我调查了我熟悉的25所各类大学，只有加利福尼亚大学圣芭芭拉分校和华盛顿大学有计算机学院，其中华盛顿大学的计算机学院还是冠名的计算机学院，其实是工学院下属的学院。学科在哪个学院不仅仅是一个归属类别问题，更是一个怎么看待计算机和信息从业人员的问题。美国有非常多的信息学院、计算学院，与美国相反，中国却很少，不但如此，管理信息专业在很多学校都逐渐萎缩。

美国一些大学的类计算机专业的归属学院

大学名称	学校类别	计算机学院	文理科学学院	工程学院计算机科学与工程系	信息学院	分散的信息专业
哈佛大学	综合性大学			★		
耶鲁大学	文理综合					
芝加哥大学	综合性大学		★			
杜克大学	综合性大学		★			
麻省理工学院	工科			★		

续 表

大学名称	学校类别	计算机学院	文理科学学院	工程学院计算机科学与工程系	信息学院	分散的信息专业
匹兹堡大学	综合性大学			★	★	★
宾夕法尼亚州立大学	工科			★	★	★
宾夕法尼亚大学	综合性大学			★		
斯坦福大学	工科			★		
密西根大学安娜堡分校	工科			★	★	★
佐治亚理工学院	工科			★	★	★
加利福尼亚大学伯克利分校	工科			★	★	★
华盛顿大学西雅图分校	综合性大学	★		★	★	★
加利福尼亚大学洛杉矶分校	综合性大学			★		★
加利福尼亚大学圣芭芭拉分校	综合性大学			★		
卡内基·梅隆大学	工科	★				
滑石大学	区域综合		★			
杜肯大学	区域文理综合		★			★
罗彻斯特大学	文理工科			★		
康奈尔大学	综合性大学		★	★	★	★
俄亥俄州立大学	工科			★		★
弗吉尼亚大学	综合性大学			★		★
福特汉姆大学	文理学院		★			★

美国的计算机相关专业基本上归属于几类学院：文理科学学院、工程学院、信息学院、各类学院的应用专业（例如管理学院的信息管理）。文理科学学院的计算机相关专业分成两类，顶级的学校基本上是研究科学原理，计算机科学学院在这个地方基本上就要从物理、化学、生物学等出发去研究，专业一般叫计算机科学专业；工程学院的计算机类专业最具有代表性的是计算机工程专业，学科背景不是计算机原理，而是通信信息和物理化学工程；信息学院的计算机相关专业往往主要研究计算科学与人机科学。因此，在美国，计算机和信息是井水不犯河水的两个专业。如果用我们容易理解的词汇来解释，那就是如果你说你是计算机专业的，一定要说是计算机科学专业，还是计算机工程专业，前者注重研究，后者注重应用。如果你说你是信息专业的，一般指你是系统应用人员，也就是你不研究计算机，而是负责研究将业务逻辑转换成信息逻辑。

中美这种学科差别的一个主要原因在于中国的计算机学科虽然主要受美国影响，但是大学和学院设置主要还是延承苏联的体系。苏联的学科体系拆得很散，计算机学科和信息学科是后起的学科，"信息与计算机学院"的分与合往往是中国很多大学矛盾的源泉。然而，有趣的是，分离出来的信息学院往往是做通信与电子的，并不是做应用的。因此，中国大学的"信息学院"与美国大学的"信息学院"基本上不是一回事儿。

这种差别直接影响到两类人才的培养。一方面，由于中国的大学都有专门的计算机学院，因而师资充分，培养效率高，离职风险小，学过两门计算机语言的毕业生每年超过 200 万，而美国不到 20 万，估计其中还有 5 万是华人。另一方面，由于中国的专业计算机学院太过集中，造成了非计算机学院的计算机与专业融合很差，而一般的计算机学院在多数大学都是非主流学院，造成计算机学院专注于自身，对于工业、管理、人文、医学的贡献度很低。与此相反，美国的大学由于有大量的"信息专业"和"信息学院"存在，并不以计算机研究为诉求，依托工业、人文、医学的顶级成果就相对容易，信息科技与业务的高度融合比我们做得好。

大学的这种学科设置的不同，也直接引导了中学的教育以及创新教育的走向。中国的中小学的信息老师基本上是"计算机老师"，而美国的信息老师多数是对于某个行业很了解的"计算机应用老师"（工程学院、管理学院、文理科学学院出身的信息老师），因此美国的中学生学习的"计算机"往往是"信息"，而中国中学生学习的是"计算机"。这也客观造成了中国的中小学的STEM课程的信息老师是基本上不懂科学、技术、工程与数学的计算机老师，由于他非主科老师的原因，培养出兴趣生容易，培养出尖子生难度很大。更重要的是，中国的物理、化学、语文、地理、历史等老师往往毕业于师范大学专门的学院，即使毕业于非师范类大学，也很少有学过计算机和信息课程的。学科融合首先是教师的融合，这点上中国还有很长的路要走。

现状是历史造成的，不是一天能改的，那么在中小学如何破局呢？中小学创新教育首先要从信息教育开始，加强主课教师与信息教师的合作，以主课教师为主导，组成教研组，比单单把信息教师集中起来培训，从长远来看效果要好得多。尤其是省市区的教研组，在这方面有很大的改善空间。

学科归属，可能牵涉到顶级人才培养的内在组织逻辑，我们要给予足够的重视。

06
从过程工业人才培养看人工智能教育

我上本科的时候，母校北京科技大学的学科专业是有"鄙视链"的：冶金的看不上材料的、材料的看不上机械的。因为在钢铁厂中，能当上总经理和总工的首先是炼钢专业的，然后是轧钢专业的，机械专业基本上是辅助行业。在这番压力下，1988年，北京科技大学吴清一教授以冶金机械专业为母校开创了中国第一个物流专业。30多年过去了，如今的京东、菜鸟、路虎等高层的专业人才中，北京科技大学机械系毕业的学生占据了很大的比例。仔细分析，是因为原先的物流和机械行业的供应链中以流程优化为主，生产概念很少，而吴教授所带来的过程工业的培养理念在北京科技大学的学生培养中得以贯穿。在钢铁行业的生产过程中，连铸连轧和高线生产都以毫秒的时间差进行精度控制，而今天的物流与供应链，尤其是后台所采用的分拣设备，已经非常像钢铁厂的炼钢和轧钢车间了，所以需要的人才自然不是传统以流程优化和机电工程为目标的培养体系能够提供的。

30多年前，在北京科技大学学习冶金专业和轧钢专业，是一件非常痛苦的事情，要学习基础的物理、化学、材料、机械制图，要学习金属材料和非金属材料，要学习力学、弹性力学、塑性力学，要学习电工、电子，要学习计算机、自动化，要学习应变片和测试原理，还要学习有限元、指数上面带积分的永远也学不懂的苏联的迭代公式。这些所有学完以后，这两个专业的同学还要经过两次大的工厂实习，毕业的时候要去一个工厂完成一个工厂的全流程设计，最后完成一个过程工业的工艺设计。记得毕业答辩的时候，答辩老师从我设计的一张图中一下子找出一个我根本回答不出来的问题，原来是一个机械行业的基础问题，这对我一个学工艺的学生来说实在是太难了。

中国的钢铁产量从我毕业时的 7000 万吨，达到了今天的超过 10 亿吨的规模，而产业工人却减少了 90% 左右，同时伴随的是人员的大规模分流。有趣的是，无论是当初的产业工人，还是钢铁大厂的过程工业的工程师，不但没有失业，反而占据了日益增长的物流、轻工、汽车等行业的岗位并成为主干。30 多年后再见吴清一老师，他非常自豪自己出身过程工业并引领了一个物流的时代。

这引起了我对目前人工智能学习的思索。一般来说，人工智能是计算机相关学科。很多人认为，只要做好底层的技术，剩下的就是应用的事情。持这样看法的人一般都没有经过过程工业的训练，会走很多弯路，如谷歌试图用算法代替医生，IBM 试图用算法代替商业，还有蜂拥的资金试图用人工智能代替教师。我想，多年以后的结果一定是，单纯研究人工智能的只剩下少数学术和研发人才，医生、教师、商业等都升级为懂业务和人工智能的"工艺人才"。

产业革命有一个容易被人忽略的地方，就是采集和狩猎时代被农业时代取代，农业人员都懂一些狩猎与采集，但是种植、养殖、捕捞等行业却隔行如隔山；工业时代代替农业时代，工人们都懂一些种植与养殖，但电力、机械、纺织、钢铁等行业却隔行如隔山。我们今天的教育是工业时代的教育，我们学习了物理、化学、生物、地理、数学、外语，经过基础教育和高等教育的学习，对工业都懂一些，但是对于信息化专业中的数据库、软件、计算机硬件、算法却隔行如隔山。让一个 JAVA 工程师去修电脑硬件，真的不如找一个工业时代的电工。

中国古代化学出身的炼丹师有一套独特的工艺使得他们能够自洽生存，他们平均寿命在 75 岁以上，但是吃了他们丹丸的皇帝一般活不到 40 岁。炼丹师对皇帝说自己德行不够不可吃丹，皇帝们都认为自己的德行足够走捷径。炼丹师们炼丹的过程也是修行，一辈子不吃丹却通过炼丹达到长寿。人类通过不断地了解自己和学习变得快乐，却也总是能够找到不通过学习而快乐的捷径：用金钱去购买名誉和地位、用烟草和酒精来寻求快乐，冲着目标去得到了封装好的成品，却也失去了内在的工艺。

人工智能包含着信息时代最全和要求最高的专业链，包含数学中的代数、集合、几何、微积分、图论、数论，逻辑学中的布尔代数、形式逻辑，计算机中的递进、迭代、子程序，控制论中的反馈、迭代、载波、调制、解调，信息论中的熵增、条件熵、香农公式，甚至包含信息经济学中的机制设计、激励、实验经济学、行为经济学、心理学的内容。我们原本以为随着时代的进步，以上内容与要求会逐渐消亡，而人工智能的来临却对我们有了更高的"从秒级到毫秒级的要求"。如果说信息时代整合了工业时代，又进化成人工智能的话，那么传统上对工业、计算机、软硬件还都略知一二，对于人工智能的各个领域却隔行如隔山，如人工智能的医学、化学、生物、社会学应用，都将变成一种领域工艺。

这样看来，分工了的人工智能是最危险的。人工智能对于教育的要求就像哲学说的那样"社会分工是时代进步的标志"，人工智能开始分工，对于我们学习各个学科尤其是数学的各个分支有了一种整合的、新的"工艺要求"。表面化的人工智能热潮会非常有害，深入到领域而剥离出的各种基础学科和数学的严格训练，将让孩子们受益终身，不因时代变化而被淘汰。

前几天见到吴清一教授，我有一个观点受到吴教授的点赞，将其作为本文的结尾："北京科技大学要想在人工智能时代继续保持物流行业的领跑，就要把计算机学院拆散放进各个工科学院，物流和机械应该与计算机工程在一个学院隔壁办公。"

07 知道"怎么知道"的历史，深度去学习"深度学习"

"深度学习"这个词汇，原来是一个专业的人工智能词汇，它从诞生到成型走过了70年的时间。随着人工智能的发展和广为人知，教育界对这个词汇有一种滥用的倾向，我非常担心它像"转基因"这个词汇一样，多数使用者见到词汇就望文生义。今天我想解释一下什么是"深度学习"以及教育学中的"深度学习"应有的概念内涵，并对网络深度学习的作用进行小结，以堵住异化该词汇的趋势。

1937年，12岁的性格怪僻的皮茨自学了罗素的《数学原理》，并开始给罗素写信。15岁，在芝加哥的他溜到著名哲学、数学教授鲁道夫·卡尔纳普（Rudolf Carnap）的办公室奚落这位教授花费10年写的东西是错误的，其后扬长而去，害得这位教授满芝加哥找这个天才。也直到这时，皮茨才稳定地享受到了几年温饱的午餐，这一年是1940年。

1943年是一个神奇的年份，皮茨在芝加哥大学的校园里遇到了著名的神经生物学教授沃伦·麦卡洛克（Warren McCulloch），他与罗素、卡尔纳普一样爱才，把18岁的打扫卫生的皮茨接到家里彻夜长谈。麦卡洛克把谈话内容记录下来，写下了奠定人工智能基础的论文《神经活动中思想内在性的逻辑演算》，并通过神经信号的激活与开关传递建立了一套人脑运算的信息模型，两个人都惊呼："我们知道了人类是怎么知道的了。"

还是这一年，有人安排了普林斯顿的一场聚会，聚会的客人是香农、冯·诺依曼、维纳（Wiener）、麦卡洛克这样一些大咖，都是后来被称为科技巨匠的人。这些人围绕着18岁的少年皮茨，问了他一个又一个问题，他的回答可以写成一本教科书……对于他来说，世界是以一种非常复杂而奇妙的方式连接在一起的，他成了杰出的染色化学家和优秀的哺乳动物学家，他了解新英格兰地区的各种莎草、蘑菇以及鸟类。他懂神经解剖学和神经生理学，这些是他从希腊文、拉丁文、意大利文、西班牙文、葡萄牙文以及德文的原著中学习的。他如果需要什么语言，就会马上学习它。涉及电源、电灯和无线电电路的事他也知之甚多，除了电路理论之外，他还亲自进行焊接等操作。在这些大咖这么多年的人生中，从未见过这么博学又实际的一个人。事实上，这些大咖没有人敢"不经过他的修改，去发表一篇新的论文"。

皮茨和互相成就的导师

见面结束后，甚至没有高中文凭的皮茨被大咖中的维纳录取为MIT的博士研究生。维纳从他那里得到启发创立了控制论，冯·诺依曼学习他的论文创立了冯·诺依曼架构并构建了世界上第一台电脑，麦卡洛克与他合作始创了神经网络，卡尔纳普完成了逻辑的形式化，而香农的信息论从他这里得到重组通用的验证。除了这几位大咖在他一己之力的托举下开创了一个时代外，他的 MIT 同学弗兰克·罗森布拉特（Frank Rosenblatt）也受他的启发发明了感知机。

皮茨以一个深层次的公式——M-P 模型和广博的知识架构，启发了一个时代，最终推动了今天人工智能深度学习模型的到来。而最初做这一切的原因，是反对弗洛伊德浅层学习的分析心理学的研究方法。

再次回到 1943 年，皮茨和麦卡洛克的一个共同朋友发现芝加哥大学的校园里有两个人极力反对弗洛伊德学说。那个时候，弗洛伊德如日中天，主宰着心理学。这两个人还有一个共同的爱好，就是都特别推崇一个几百年前的数学家——莱布尼茨（Leibniz）。莱布尼茨与弗洛伊德最大的学术区别在于，莱布尼茨认为人们的概念、语义及思想是可以通过机械和工具的推导得到证明和计算，而弗洛伊德则完全从分析事物表面开始，也就是弗洛伊德从一个医学博士走向完全不符合循证医学的大样本随机双盲实验。皮茨与麦卡洛克就是从推崇深度的莱布尼茨和反对浅层的弗洛伊德开始来开启这个时代的。

讲到这里，我们要回到弗洛伊德的"浅度学习"。弗洛伊德作为心理学和教育学大师，用自己的一生的"课程"，向麦卡洛克证明了什么是"浅度学习"。我们今天如果梳理弗洛伊德一生的成就和经历，并将其设置成为一门课的话，可以看看什么是"浅度学习"的课程。

弗洛伊德的"浅度学习"

1. 知识

（1）精神分析学概论；

（2）梦的疑释；

（3）潜意识；

（4）动力心理学；

（5）人格心理学；

（6）变态心理学；

（7）图腾与禁忌；

（8）死亡本能理论。

2. 技能

（1）催眠；

（2）性欲；

（3）玩笑；

（4）日常生活心理学。

3. 体验

（1）星期三研究小组作为领导；

（2）心理分析协会作为领导；

（3）分裂出个体心理学；

（4）分裂出荣格；

也就是说，弗洛伊德的学习教科书是平铺的、基于分析的、没有纵深的、无法证明也无法证伪的，知识章节是平行的，技能章节是没有工具延续的，体验章节是只作为发号施令的，学科也是突然兴盛突然衰败无人发展和继承的。

皮茨不同，他18岁成名，没有拿到任何一个学位（他拒绝在博士学位上签字、烧掉自己的博士论文），论文很少，却引领了一个时代的结果来证明自己的"深度"。更加重要的是，他用生命的代价向无底的深渊前行。非常欣赏皮茨的维纳作为他的博士导师给他指出了一个方向：用三维数学建模来研究神经网络。从此，皮茨陷入了无尽的烦恼，也有无数人等着他的结果。后来的历史事实证明，三维平铺的神经网络不能解决人类的智能问题（皮茨不烧掉自己的论文结果也许可能是其他样子）。与导师关系搞僵之后的皮茨在做青蛙实验中悲观地发现，青蛙的眼睛完成了"部分思考能力"，而不仅仅是大脑，这彻底压垮了皮茨。皮茨的理论建立在大脑处理所有的逻辑运算的基础上，而青蛙实验证明可以抛开大脑的结构进行三维运算，这颠覆了他的基础。1969年，

44岁的皮茨在酗酒中死去，后面多年没有人再记得他和他的神经网络。直到1986年BP神经网络被发现，而后又冷却；2006年深度神经网络的发现让人们再一次想起皮茨。深度神经网络没有沿着三维网络结构继续走下去，而是沿着另外一个方向：多个隐含层、反向传播、池化，问题终于有了解。这个时候，带来深刻计算机、自动化、人工智能、控制论变革的皮茨，重新被人们关注。

皮茨就是对青蛙实验中的信息处理方式出乎自己的意料感到崩溃而造成人生崩溃

当一个莫名其妙的人不经意间预言了未来而痛苦万分的时候，也许是因为只有他看到了未来，而人们没有看到。皮茨率领后来的深度学习跟随者们书写了一份课程——"深度学习"。

皮茨的"深度学习"

1. 知识

（1）学科基础：化学、物理学、历史学、植物学；

（2）人工智能基础：神经元数学表达和网络模型的M-P方法；

（3）数字符号计算方法；

（4）与维纳的概率论结合的三维神经模型；

（5）控制论基础：与维纳的电子与机械结合；

（6）计算机基础：冯·诺依曼架构；

（7）视觉与大脑信号处理；

（8）1968年：感知机神经网络；

（9）1986年：BP神经网络；

（10）2006年：深度神经网络。

2.技能

（1）罗素：数学原理；

（2）自然数学、逻辑学；

（3）要饭与扫地；

（4）维纳：概率论；

（8）麦卡洛克：生物学基础；

（6）卡尔纳普：哲学和逻辑系统；

（7）维纳：控制论；

（8）希腊语、拉丁语语言天才。

3.体验

（1）追随罗素；

（2）挑战卡尔纳普；

（3）追随麦卡洛克；

（4）追随维纳；

（5）挑战维纳；

（6）加入小组；

（7）挑战青蛙实验。

皮茨等人与弗洛伊德最大的分歧在于他们认为"弗洛伊德思想本无需笼罩

一层弗洛伊德式的神秘主义或牵扯上自我与本我之间的挣扎"。既然不同意神秘主义与概念之间的挣扎,对逻辑不容许有半点污秽的皮茨以及他的继承者们,把人类思想这个问题,从浅层思维引向了深层思维。一般来讲,我们讲循证医学,讲科学的证伪,讲实验精神,还是停留在表象的概念或者工具上,而"深度学习"这个概念,已经形成了一系列不能颠覆的数学和计算机工具,这些工具包含感知、输入、输出、深层、表层、隐含层、全局、局部、分步计算、迭代、循环、非线性、初始化、训练集、测试集、标签、特征提取、分类器等。今天,稍微经过人工智能训练的人理解不了上述词汇的界定,就引用"深度学习"这个语义到处滥用,导致该词汇被污名化和异化。而如果非得用一个大众的语义去描述这个时代的深度学习的概念的话,我极力反对用"弗洛伊德式"的平铺的分析哲学去"浅度学习"这个词汇。事实上,这些词汇并不难理解,如果非人工智能专业的教育者能够主动地按照这些内涵去界定深度与浅度的学习,至少专业的人不会反感,"深度学习"这个词汇也不至于被污名化。

"深度学习"的历史过程对人的学习的启示

感知、输入、输出

皮茨和麦卡洛克从感知与激活开始,到逻辑电路和输入输出,建立了神经网络的基本构成。一个学习系统的基础是感知,是数码化的逻辑,是对教育和学生活动的输入、输出的教育学的严格定义。目前的在线学习给出了一般学习一个数码化的可以研究的数字空间,然而这种定义直到今天还是停留在弗洛伊德分析心理层面。

深层、表层、隐含层、全局、局部、分步计算

表层处理局部信息,深层处理全局信息,中间若干个隐含层,形成一个深度分布的计算系统,输入层处理底层信息,输出层处理概念信息和判断信息。

如果是一个教育的人工智能系统，通过底层的抬头率直接处理总体的学生判断信息，是违背深度学习原理的。这种"过度信息化"不但不利于学习，反而是对人工智能的高度曲解。

迭代、循环、非线性

一个学习的知识系统要有从概括到分类、从分类到纵深的循环；技能系统也要经过手脚五官的协调训练，完成从管理工具到技术工具的协调使用；体验系统要完成从提出问题、发现问题到协作、解决问题的循环过程。通过知识、技能、体验本身内部的循环，再加上知识、技能、体验之间的迭代，完成了学习过程的螺旋上升。突破往往是产生在不符合预期的非线性奇异点上，在教育学上，这叫作教育经验。

初始化、训练集、测试集、标签、特征提取、分类器

通过网络学习的大样本可以实现随机双盲实验，通过训练与测试以及教育专家的经验判断对优异学习进行标签化的工作，通过模型计算而不是专家判断进行特征学习行为的提取，这些都是深度学习给我们的启示。一位教师不是仅仅通过教育学学习就能掌握教育真知的，眼界有限的教师对教育的评价和标签是会打错的，那么，如何建立一个最小的数据集进行准确的分类呢？

前向输入、反向传播、有监督、无监督、自学习

通过无监督的前向输出（教育目标）估计教育和学习创新，通过有监督的事后反馈进行学习行为和要素的误差分解（有点儿像错题本），通过一个循环和迭代不断训练出来一个自学习的系统。

卷积、池化、降维与全连接

一个学习系统和一位教师要避免过度依赖数据而产生的"过拟合现象"，通过不断地教改、表演及折腾学生来获得教育是不道德的，深度学习有一系列办法通过自身的数据变换降维。

浅层是快乐的，深层是痛苦的，也许悲剧是人生的根，痛苦是思考的根，

风来了,风走了,留下有根的,吹走不会生长的萍。

  这次新冠疫情,带动了 3 亿中国人在网上学习,深度的网络逻辑不应带来浅层次的集体狂欢。世界上总有那么一些天才,他们痛苦,他们呐喊,人们往往以为他们只有勇气和常识,其实我们误解了他们。他们超前于时代,亲眼看到了未来,具有深度思维的逻辑,但是现实不能给他们支持和佐证。他们着急,他们解决问题,他们英年早逝,我们不能忘记总结,不能只记住他们表层的名字而忘记名字背后深层次的概念逻辑,去随便使用和异化这样一个词汇,而不了解这个词汇背后的内涵和边界。如果这样,我们对不起悲情者们的奋斗。

08 人工智能与数字逻辑思维

人工智能教育与教育人工智能是不同的。教育人工智能的意义在于人，人最大的价值在于为虚幻和未来而设想，以及马克思所定义的"人是一切社会关系的总和"。我们培养一个孩子，第一当然是让他自食其力，这是工业时代的基础，但本质上不是培养一个"有用的人"，而是培养一个"他自己"，这就是大家为什么不喜欢使用人工智能配音的东西，而喜欢我这样对着你们说话。教育人工智能的要求在于培养的不是标准化的产品，而是人，这就需要小班化、个性化，教师要是人而不是机器。那么，什么是人，什么是机器呢？人有一种特别的本领，就是能够进化和分辨，目前硅基电脑做不到，所以计算机不可能代替老师。人工智能教育就更复杂了，是另外一种东西，是说"如果我们希望把孩子培养成人工智能专家，或者说让孩子适应未来的人工智能时代，应该怎么办"。这点，我推荐几本书，主要是科学史、信息史、逻辑史方面的书，关键是要涉猎逻辑和科学的东西。农业时代、工业时代、信息时代、人工智能时代，无论是其内在逻辑，还是对人的基础的要求，都是不一样的。语言、代码、数学是否非要在很小的时候学并不一定很重要，而养成人工智能时代的建构思维非常重要，这中间包含着逻辑思维、计算思维、信息思维、迭代思维、逆向思维等。大家如果知道一些著名的企业第一轮面试为什么用逻辑题而不是专业题，就知道原因了。孩子们要看提升思维的这些书，父母和老师更需要看这些书，要接受一些看似违反常识，但却是至理真言的内在逻辑的东西。看到很多人工智能的主流厂商使用自己的产品工具，大规模地在中小学推广"人工智能教育"，我非常担心。40多年前，当计算器在中国还是个新奇的东西时，父亲单位的同事送给我们兄弟几个一个计算器帮助学习，被父亲严词拒绝。前事之师，这并不是一个笑话。美国的中小学使用计算器是一个标配，与基本持否定态度的中国相比，美国基础教育的计算能力与中国已经不是一个档次。到底是训练大脑，还是外包给机器，工具与人的关系在教育这个领域牵涉太多，完全与其他行业是不同的逻辑，要小心才是。

工具在教育中的作用不仅仅是解脱人的劳动这么简单，要么训练的是机器，要么训练的是人。训练机器的事情需要人去做，因此今后的人要掌握人工智能"训练和算法"方面更多的知识；训练人的"思维逻辑的算法和算例"在青少年神经和肌肉记忆力没有长成的时候，是不能省事的，用人工智能中机器学习的两个词汇来解释："监督学习"基本上可以认为是教育，"无监督学习"基本上可以认为是学习。

无论是从现在的孩子要掌握人工智能内在的知识、技能、体验的体系以适应未来的世界，还是从人工智能70年来从人的学习中得到的宝贵经验来看，我们今天都要重新认识教育和学习这件事。目前，中国的基础教育的学科都需要改革，人工智能与学科的改革互动是下一轮从技术逻辑层来看教育改革的主旋律。而人工智能所需要的形式逻辑、计算思维、编程思维、组合数学、从意念到语言的教育，也对今后的教育提供了一个技术框架。

形式逻辑

通俗意义上的三段论、逻辑的四个范式，不仅仅存在于科学领域。它们是现代哲学的基础，还是科技和文艺复兴的根基，更存在于技术革命之后的社会的方方面面。然而，我检查最近几年女儿的学校推荐的中外读物，语文和逻辑教学的缺失就一目了然了。无论是中国古代还是现代的名著，形式逻辑及其延伸读物几乎没有，能接触的西方读物也是受形式逻辑影响最小的童话占大部分。我们的孩子无论是阅读哲学读物，还是文学读物，在科学哲学逻辑上受到的训练都是不专业、不具体的，也没有获得比较好的推荐。最近比较热销的中外科普读物在一定层面上缓解了这个矛盾，然而有些非名著的畅销书为了迎合消费者，更多的是以浅层的表达和热点的技术词汇堆积为主，系统性的形式逻辑训练不足。

计算思维

受苏联教育的历史影响，中国的教育分科比较严重，其好处不言而喻，坏处在于物理、化学、生物、数学各是各的，更加严重的还有一大堆美术、体育、劳动、科学、信息等科目"各自为政"。人工智能是一个交融的学科，交融点在于把各种学科变成可以计算的内容输入程序以解决问题。传统分科严重的学科由于高度抽象的理论，在方便学生理解原理的同时也忽略了方便计算这个要素。而计算思维经常见到的表示、回归、迭代、近似、试探、图论等需要通过信息学科进行整合。目前中小学信息技术课程更多的是计算机课程，与计算思维的关系需要更加紧密。

编程思维

日本是非常重视编程思维的国家，索尼还开创了针对编程思维的趣味数学世界大赛。过滤式思维、递进式思维、创造式思维、试探式思维、逆向式思维，这几个词汇在一般人眼中是形容词，在程序设计师眼中是工程化的训练。值得指出的是，传统上我们所说的"书呆子"，基本上是由于缺失这几种并不难、人与生俱来都有的能力以及读书"偏食"造成的结果。"书呆子"当然不能做人工智能，人工智能对教育的启示也是避免训练出"书呆子"。

组合数学

组合计数、组合设计、组合矩阵、最佳组合等，甚至包含图论和数独，在传统的数学学习中要到大学才学习或者根本不学习，偶尔出现在中小学奥数或者脑筋急转弯中，但在计算机行当却是基础的基础、根基的根基，在专业数学领域有一个更加高大上的名词：离散数学。在奥数退出选拔教育领域后，如何填补人工智能所需要的组合数学的童子功，是一个亟待解决的问题。好在程序设计和人工智能学习的目的是带有非常强烈的场景特点的，建议尽可能地减少程序训练难度而聚焦在人工智能所需要的组合数学的逻辑训练上。

从意念到语言

科学家经过多年的努力，在动物脑中植入芯片完成了脑机接口，这样意念直接可以编程语言；比编程语言更低一个层面的是自然语言，通俗地说，就是直接说话，计算机就能够完成计算；再低一点的是视窗语言，也就是我们通常理解的通过可视化（Scrach）编程训练孩子的程序和逻辑能力；最差的是代码语言，直到今天，黑窗口的命令行还是专业计算机工程师的最爱。从使用者的角度来说，越接近意念和图像语言，越方便学习和使用，但从"专业运动员"的角度来说，越接近抽象的逻辑语言，距离逻辑和运算就越近，对大脑的训练就越真实和完整。快和慢是一对矛盾，在人工智能教育领域，要通过"漫长"的文字、代码、逻辑、手脚五官肌肉训练的魔方、数独、数学训练，使人脑能快速连接并重复训练，在激素的作用下形成大脑的长期记忆，这就是人工智能对教育的启示。

09 聚焦工具层的教育

一个从美国回国的本科生（即将读研究生）在一家世界500强的企业财务部门做"财务自动化"的实习，正好实习的时候与几个国内"双一流"大学的研究生一个组（按照水平，这个在美国读书的学生所在的大学的专业水平类似于国内的"双一流"）。他说，相较于中国学生（此处指研究生和本科生），美国学生的基础知识确实不扎实，例如他学习了4年计算机，在网络原理、通信原理、计算机原理、底层计算机语言等方面与中国学生差距甚大，然而在开发工具、算法、前后端语言、软件编程方法方面，中国学生基本上落后时代5年以上，反映到工作实际中，就是他到公司就能干活，而中国学生要慢很多。时间长了，用到的基础知识美国学生也倒能补回来，而到了研究生阶段，中国学生要掌握一个新工具就要慢很多（25岁学一种语言和20岁学确实是有很大差别的）。

这也使我想到了自己80多岁的妈妈。由于我常年出差，陪伴她是一个难题。这几年，妈妈会用微信以后，竟然很少让我操心了。原来，她在几千人的小区中，通过微信这个工具交了20多个朋友。这些老年人其实在年龄、经济水平、价值观等方面差异蛮大的，但是由于有了微信，他们倒是让子女操心少了。随着时间的推移，原来关系不错的人由于不会使用微信拉开了差距。60多岁会用微信的和80多岁会用微信的是一伙的，而两个85岁的老太太天天见面竟然没有什么共同语言成为普遍现象。看来，工具造成的差距，可能会远远超过知识水平、价值观造成的差距。

知识、技能、体验，或者说知识、技能、素养，基本上已经成为被广泛接受的学校教育的三个重要的要素。这些年随着对教学、师资力量的重视，在知识层面，由于采用了博士比例控制和论文与科研项目的强制要求，以及各种教学计划和教学评估的支撑，基本上是问题不大的。除了受制于教学计划的周期和组织因素的反应速度外，中国的高等教育的课程知识体系基本上还是不错的；从中国学生到海外进行研究生阶段留学的反馈来看，在知识层面还是基本功扎实的、整体与时代是同步的。近年来，教学的创新导向的形成、大众创新活动的推进、校企协同育人的建设、各地方科技部门对于创业计划的资助，使得学生校园创业氛围逐步浓厚，中国又是一个产业链比较完整的国家，相较于欧美高校，中国各地高校与地方政府、地方经济的联系还算密切，横向课题产生延伸到教学，体验环节也逐步改善。相对于以上的知识和体验环节，技能环节是最难的，也是最容易被忽视的，而技能环节又是最敏感、细致、专业的，所谓隔行如隔山，因此管理很难、问题最大、后果最严重。

举一个例子，如果有一个信息类专业的本科生，大学 4 年碰到的是以下的技能训练体系，将是什么后果呢？

- 上课期间，老师使用 Access 数据库讲解数据库原理，讲解的案例是老师自己精心安排使用多年的学生名单的增删改查。
- 课外作业是用 DEBASE 编制一个学生成绩册，用 DW 做网页。
- 接受的培训是 15 年前的网络时代的实验项目，主要进行的是 TP-LINK 的交换机、路由器、防火墙的实验项目，操作系统是 Windows2003，数据库是 PB。
- 学生实训的网页工具是 DW 以及网页三剑客；电子实训实验室还是蛮值钱的，用电信淘汰下来的原价值 2000 万元的设备给学生使用。
- 学生社会实践是参观某家特定专用通信软件公司。
- 毕业前学生去了一家小的运维服务公司，帮助一家电子政务公司做客户的电脑维修；或者去了一家很大的企业做特定不通用软件测试的一个环节。

- 大学期间参加某个省市和全国的创新大赛，写了一份商业报告，按照收集的报告假设做了一个网络销售平台。
- 大学期间参加了几场企业家论坛和讲座，并按照老师要求签到，企业家顺便做了一个招聘广告。
- 大学期间做过一些创意作品并参赛，基本上和本专业没有什么关系，而且单独完成没有真正的合作，即使合作也没有跨专业与学科。
- 毕业设计由于实习单位太小参照网络论文写了《淘宝公司网站优化的研究》；或者做了一个依托实习单位特定软件的测试报告。

其实，上述状态不仅仅是很多信息类专业学生的通常状态，甚至是一般本科院校的常态（东部院校好一些）。归根结蒂，是相比起知识和体验环节，实践与创新环节难度较大、系统性支持要求高、师资要求高、成效慢。然而，正是在这个环节，20岁上下的大学生处于成长阶段，肌肉记忆力快定型了，如果不进行体系性的建设，专业成长的缺失不像知识和体验那样能够补回来，后果是非常严重的。回到前面提到的那些使用微信的老人，我专门还做过一些调查，结果显示：80岁以上还能够用微信的，年轻的时候使用工具积累的底子都是相当好的。使用新工具并不完全和年龄相关，往往和在成长阶段是否接受过系统的实践和创新体系的训练相关。

那么，针对上面的大学生的实践与创新，换一种办法，如果他们在大学期间受到的训练是如下的，是否会好很多呢？

- 上课期间，老师使用 Access 数据库讲解数据库原理，但是老师告诉学生使用什么数据库不重要，原理都一样，关键是要知道数据库多个范式的逻辑关系，老师很多工具使用不来了，希望学生们能够使用。
- 课外作业方面，学生们把老师的数据库改成 MySQL 来编制学生成绩册。
- 原理性的实验项目，老师严格要求，不追求时髦，使用如电子电工、电路板、开关电路等，但在网络实验上，直接使用最新的虚拟机（可让厂商支持，没有经费让学生找免费的去用），操作系统切换成最常见的Linux，数据库尽量用主流电商的或者开源的。

- 告诉学生们做网页要用框架，老师使用HTML语言，学生们要使用HTML5，然后使用VUE去做一个界面；通信和接口不图主流或者高大上，直接使用开源的硬件平台让学生们做实训。

- 学生社会实践是接触最主流的电商平台后台，使用微服务架构、内存数据库，接触数据中台技术，充分理解云架构公司的大数据开发模式，或者去未来愿景的公司参观。

- 毕业前，组织学生去一家具有创新能力的科创公司实习，学校进行严格的专业调查。公司规模可大可小，但是学校要求其开发的工具和技能必须是主流的或者符合未来方向。学生去一家特定公司做测试，学校提出预警，这份工作的技能不通用。

- 要求学生参加创新大赛的作品可以有想象的成分，但是必须依托真实的需求，贴近自己的专业，做一个真实的产品，并且学校按照以上的标准进行初选。

- 在校期间的实训环境、授课工具、教学指导委员会、源代码均有协作单位与学校深度合作，学生在一个贴近社会的平台上做开发。

- 大学期间参加创新大赛的作品是协同不同学院的不同角色完成的，充分考虑了商业、技术、软件、硬件、艺术的成分。

- 毕业设计按照学校要求必须以实习单位的实际案例进行，参加研究生考试的同学选的非实际实习企业的案例必须和导师充分沟通，选题要具体和可行。

其实，上面的要求并不是特别理想化。这些年我看到一些好的学科，尤其是A类计算机学科，对于学生的要求与上述内容多数符合。以上的要求也并不需要学校经费非常充分，对师资也没有要求很高，甚至还能够容忍老教师使用非常老的工具，但是对学生的要求不能降低。

总体来讲，越和时代结合紧密的实践，企业参与度越高，规范性越低；而越与基础稳定技能相关的,规范性越高,企业参与积极性越低。例如,前端UI 的美学训练,其实使用最传统的 PS 工具稳定性就很好,使用 Access 软件进行数据库原理的讲解也不会有太多老师被淘汰,但是这些企业的积极性都不高;反之,使用创新的深度学习模型解决一些实际问题,使用机器学习算法进行智能控制的创新,这些新的东西,工具变化大,规范性很低,年轻人比老师学得快,但是企业参与程度很高。

这就要求学校考虑建立一整套的针对工具层的体系支撑,以便于使一个结构化的教育系统实现"大象也能跳舞"。这个体系支撑应该先有管理思路,条件允许的话,再考虑使用信息化、固化管理。经过这些年的实践,我提炼了 200 多所院校的实践和创新体系,有了以下的图示。

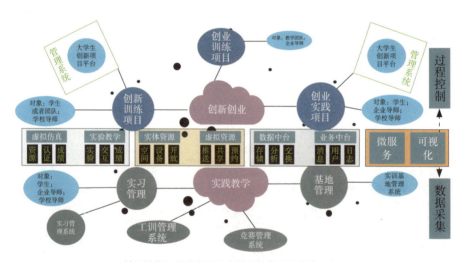

基于技能工具的创新和实践信息管理支撑体系图

上述体系完全建成,当然需要经费的支撑。根据测算,完全实现这样的一个体系,一所拥有 20000 个本科生的大学,软件需要 3000 万元就能建成,这当然不是近期能够推广的事情。然而,软件系统的特点往往是 3000 万元干成的事,需要的并不是资金,而是管理体系的支撑,管理体系到位,不走线上走线下,30 万元也能产生不错的效果;而管理体系不到位,几千万元打水漂的事也是常常发生的。那么，组建这样的软件系统，对管理体系有什么要求呢？总结起来也不复杂，具体有以下十条：

严格按照学科评估的要求和国际学科发展的趋势和标杆水平，紧紧扣住课内辅助教学仪器和软件工具的主流性、前沿性、稳定性、原理性。

充分发挥教研组的力量对学生作业体系进行管理。一般情况下，学校对学生的知识体系都有严格的管理，但对教师布置的作业没有协同和管理。应该要求任课教师布置的课外作业工具具有实时性、先进性、普适性、移情性，应该建立起助教、助管体系支撑教师把作业这一关落到实处。

充分发挥校外专家、企业专家以及校友的作用，确保学科实验项目体系的经典性、代表性、更新性、考核性、管理性。

计算机类学生需要一些基本的代码实训，例如保持代码规范性、学会注释、掌握算法、养成动手能力、提高电子电工能力，实训项目要求精巧设计、注意迭代及周期性评估，注重学生在青年时代经过重复训练达到稳定性的效果。

社会实践环节不能流于形式。选择企业不应该是教师的个体活动，更不应该是学生的随机活动。在社会实践目标的标杆选择、考核、过程管理方面，提高质量是很容易见效的。

学生实习项目要确保严肃性，确保专业性和对口，确保与产教协同相结合，要进行周期性考核、管理。

大学生创新考核要针对专业和学科。要聚焦科学、工程、数学、艺术、管理的基础结构性目标，创新项目导向要朝着底层性、学科性进行，创新项目的目的不要浮躁；要通过过程性管理与项目管理实现学生学业的引导性、资源性、共享性及可持续发展。

校企合作不应流于形式，要充分考虑企业的诉求，充分尊重教师的专业性，充分考虑学生的成长规律，做好企业与学校的共赢及持续与深度合作，要给学生提供前沿、具有规模性以及代表性的社会认知机会。

学生的创新作品要重视学生的价值观、职业素养的培养，要培养和考核其团队性、分工性及协作性。

将学生的课程设计（毕业论文）纳入时间环节进行考核和管理，课程设计要有综合性、实战性、时代性要求，不唯论文，但要务实、有针对性、聚焦、面对社会，具有前瞻性。

10 解脱教师压力，从去除信息垃圾开始

网页与 HTML 语言的发明，是一个巨大的技术进步，却掩盖了信息传递的等级制真相。1990 年 12 月 25 日，欧洲粒子实验室的蒂姆·伯纳斯·李（Tim Berners-Lee）开发了世界上第一个通过网页共享信息的机制，而根据有关资料显示，在 1969 年，世界上第一封电子邮件已经诞生。对于中国大规模的网络使用，邮件和网页几乎是同时到达的，这种情况使得中西方信息化使用比较大的区别是：邮件列表和基于邮件列表的消息机制非常成熟地切入到欧美人的工作和生活中，但是对于中国人来说，更加直观的网页牢牢占据着主流的注意力。

在美国，无论是工作，还是学习，早晨第一件事情就是查看邮件，以重要程度分类通知、提醒、知会、抄送各种人群。在过圣诞节的时候，联系紧密的外籍教授总是提前和我打招呼，说圣诞节几天不会看邮件，请我耐心等待回复。与此不一样的是，各种工作群的消息以社交媒体的形式占据了中国人早上开始办公的时间，一个消息发出去了并不会显示消息回执。

以上表面上没有很大区别的信息逻辑，实则隐含了巨大的信息行为模式的后发劣势。网页的发明的意义在于信息需要对等分享，对等分享需要信息汇聚和互动，而邮件是发送方与接收方信息不对等的分享。发送方发送一封邮件，背后可能隐藏着复杂的管理、逻辑、流程，但一个消息发送给接收方后，就隐

藏了一切背后的工作。"This is your business"是英语中经常说的一句话，将"business"翻译成"商业"和"生意"是很不确切的。邮件和消息发送给接收方后，发送方的所有逻辑以消息结果送达接收方，不需要解释，接收方做出反应也好，不做出反应也好，都是后一道工序。"This is my business"，因此发送与接受不对等。

网页以及后续的社交媒体与消息机制最大的不同在于信息的对等性，这在日常生活中体现不明显，但在工作中，尤其是在瞬时判断的工作中有巨大的行为区别。例如，每天早上处理邮件所点击鼠标的次数要远远少于点击网页的次数，与此更加关联的是，网页和社交媒体对等的信息传达方式在分散注意力方面也是很明显的。

视觉处理信息的能力每秒钟可达GB级别，而邮件愿意传达的往往是Byte级别的，高度抽象的意义就是信息的意义，熵越小，信息的聚焦程度就越集中。如果一所学校需要数字化的治理，大到规划、计划、任务、排课、大纲、投资、建设、管理、运营，小到教务、实验、后勤，教师对学校说"This is your business"，而学校对教师只需要提供服务，不需要展示背后的复杂逻辑。在没有计算机信息化的时候，教师照样拿着教案到规定的教室上课，他一定知道他的学生有谁，他将要教什么，线上的信息化只是方便了教育管理者，对于师生没有什么区别，师生需要的只是消息。而多余的信息不仅不会帮助教师，反而会使教育陷入困惑。今天，学校的教育信息化将大量的精力和时间浪费在网页色彩、布局、方便性、流程、功能等与本质教学毫无关系的信息熵增上了。

综上所述，我们应回归教育的本质，学校管理部门的流程性和对等网络的交互功能是非教育的，学生之间在下课后和社交平台对等的交互也是如此。但是，课堂和师生的关系，以及学校与教师的关系，是流程性和消息机制的关系，解脱教师压力，从去除信息垃圾开始。

将邮件、短信用好，把学校的管理关系、师生关系梳理好，以简单的方式推送给需要的人，是教育元宇宙的本质属性。

第三章

数码集成的
教育生态

儒道问天机，公输杠墨翟；罗素思悖论，二象辩波粒。
抓牌凭运气，落子靠心机；隔岸者猜猫，测不准有理。
一刹修菩提，一念化真金；面子性本空，里子握璇玑。
我用尽了内力，你操起了法器，
形象孪生抽象，现实就是虚拟，
主体一直没停止算计客体。
梦与蝶，子和鱼；零非壹，黑白棋。

教育与学习、教师与学生、人性与工具性、主体与客体、内容与载体、建制与创新，在教育中永远是矛盾的存在，越宏观越割裂，越细致越一体。数字化时代，最小单元的技术组成最灵活适应的支撑，就像上述教育矛盾的幽灵粒子，永远一个正旋、一个反转，要成为信息现象，它们就必须心有灵犀。

　　数码集成的教育生态，不仅讨论技术的方向与对教育的支撑，如互联网、物联网、内网、前台、中台、后台、应用中心、建制中心、资源中心，更讨论通过对它们的思考，启发我们作为客体的技术现象如何建构我们教育主体的信息架构。

01
从时空到计算：教育数字化创新

今天，我们通过三段争论和四段历史，从科学、工程和经济角度看待信息、数字和教育数字化的趋势。

第一个争论发生在 1967 年。1957 年，以暴君著称的诺贝尔奖获得者、晶体管效应的发明人威廉·肖克利（William Shockley）被他手下的八位优秀人才背叛，他们在 1967 年前后成立了几十家公司，造就了后来的硅谷的辉煌。他们这次背叛，是与大股东发生了一次重大的分歧：大股东认为卖晶体管能够赚钱，他们根据科学家摩尔的预测，认为如果把所有的晶体管放进一个板子里面，不再考虑不同的应用，那么制造的成本会像摩尔定律一样指数级下降，而维修成本却符合边际成本递增原理。于是，八位优秀人才决定去做集成电路。今天我们听得到名字的世界 500 强 IT 公司，几乎都是那个时代这场争论的各种繁衍。

第二个争论发生在 2015 年。2015 年，中南大学的张尧学教授获得了 2014 年度国家自然科学一等奖，这场争论的焦点在于"透明计算"是否是真的，而没有围绕更加关键的问题。张教授的"透明计算"说的是什么呢？说的是一种用户无需感知计算机操作系统、中间件、应用程序和通信网络的具体所在，只需根据自己的需求，通过网络从各种终端设备（包括固定、移动以及家庭中的各类终端设备）中选择并使用相应服务（例如计算、电话、电视、上网和娱乐等）的计算模式。而这种计算模式，如同集成电路一样，如果能够实现，本质上，限制和影响信息孤岛的成本问题就会像摩尔定律一样得到指数级缓解。例如，一所学校常见的互联网、物联网、局域网分别关注的是教务部门、实验设备部门、信息办部门，由于各自有各自的诉求，就按照晶体管的接线方式去处理，往往人为或者技术性地造成成本的完全不可控和精力的大量浪费。如果各个部门将业务透明计算，把技术交给"集成网络"，那么问题就会迎刃而解。

第三个争论发生在 2022 年。创造了一个又一个工程奇迹的埃隆·马斯克的星链，被北京邮电大学某教授的一顿评论冲上了热搜："马斯克一定不懂通信技术，因为在空天互联网里边没有任何通信技术的创新。"我们这里不讨论通信技术创新的概念本体，从前面两个案例我们可以得到启示，那就是我们更应该关注的是马斯克为什么"没有技术创新"，如同集成电路一样，却会造成一场产业革命，而背后的"元认知"到底是什么。

1958 年，亚洲第一台数控机床由清华大学和北京第一机床厂在半年间完成了。我们注意到这个时间是 1958 年，这之前两年，大洋彼岸的肖克利的晶体管公司已经成立，而这边的亚洲，电子管还没有完成数控机床的实用阶段。在技术原理没有更新的 1958 年，课题组更加关心的是这样两个问题：一是系统如何稳定，避免启动不久总会出现的系统崩溃；二是为什么不能加工机械部件。在当时，如果要生产不同形状的产品和工艺，程序就要重新设计一遍才可以。这个时候，清华大学的电气和机械专家接手判断认为不是原理问题，而是工艺设计和加工问题，并用 3 年时间修改工艺设计，最终达到 13 小时无故障，加工出防毒面具的模具。回溯上述问题，我们发现，同样是电子管，从 30 分钟稳定到 13 小时无故障，实现了工艺的创新；从电子管到晶体管效应，实现了科学的进步；从晶体管产品到集成电路飞跃的发展，实现了平台工程化的进步。按照摩尔定律的指数规律提高效率和产业化，这才是实质意义上的集成创新。晶体管效应在 1947 年就被发现，是一个科学问题，但是直到 20 世纪 50 年代才变成技术能解决的问题。这个时候，亚洲通过工艺创新能够解决部分问题，但是大洋彼岸早已升级为科学问题和技术问题都已经解决的集成电路，这是什么创新呢？为什么似乎没有什么科技含量的一个"点子"——把所有可能的晶体管组合放到一块板子两面并且可以通过程序控制变化而减少故障，就能够发生革命性的变化呢？

之所以集成电路领域有如此多的诺贝尔奖获得者，不仅仅是因为科学创新和技术创新的概念之争，还因为在集成平台下按照新的模型和规律（摩尔定律）大规模颠覆了创新的模式，我们过去那种集成就是拼装与成套的思路是完全没有掌握内在的创新核心的。这是马斯克"创新元认知"能够在不同领域获得成功而我们需要在集成创新下不断好好思考和提升理论的原因，也是数字化转型后新的创新规律和环境支撑下我们需要考虑的前景。

让我们再来看看今天教育数字化应用所面临的难题。教育的不同用户关心三类问题：师生用户关心教学和科研，管理和服务用户关心管理与服务，物流和生态科研关心学校系统与外界的物质能量交换。三类用户可以用三个平台来定义和归类：师生用户前台、管理服务中台、开发开放后台。过去每个应用如同晶体管和集线插线板一样需要去维护和定制，并且纠缠于角色权限问题，如果分拆成三个平台，每个平台具备完全全息的应用，如同集成电路一样用到哪个调取哪个，这样就在大大节约成本减少故障的同时也提高了效率。而调取的类别分为数据（文件、物联、接口），我们定义为资源中心；调取的应用全部封装成为模块化的"专用芯片"，我们称为微服务的应用中心；调取的业务领域我们不再一个一个定制，而是通过对业务领域驱动模型的总结变成建制中心，三个中心的板块也形成了。这就是集成电路的思路。

乔布斯问："为什么计算机改变了几乎所有领域，却唯独对学校教育的影响小得令人吃惊？"很多人试图回答这个问题，而事实上我们如果走进任何一个具体的学校，就会发现，与其他行业完全不同的是，教育的个性化和教育的复杂应用是其他行业远远不能比拟的。教育组织是世界上最古老和成熟的组织之一，套用其他组织去管理最大的问题在于，大量内在的复杂应用，如同连接几十万个晶体管电路一样，故障率极高且个性化极强，试图简化又马上变得粗暴简单，并不符合教育的特点。例如，教育应用的特点是场景化和本地化，也就是学校、网络、设备不可缺少，似乎承载上述的互联网、物联网、局域网的只有一种办法：用人的服务进行调试，如同没有程控电话时代的接线员一样，针对每个场景进行交换与路由，并由此承担形形色色的效率、安全和故障问题。而这种大量重复和简单的劳动，却在任何一个教育评价标杆里面，都和好教育无关。

撇开张尧学教授本身的争议不谈，他提出的"透明计算"思路，给了面向数字化时代的一种想象，那就是把三网透明化，通过标准不可篡改的内在规律封装化，提供统一的调用，那么三网就不成为三网，而应集中在三网关心的以从集成化到数字化为业务领域的元认知提供的计算环境和基础架构问题：云计算、边缘计算、场景计算。依托这种架构的转型，我们今后不再关心三网的效率与技术，而更应该关心三计算的教育核心。这样转型后，教师的作用更大，平台也更强大，教育创新在技术的支撑下，真正的变革才会发生。

> 云计算：如何通过数字世界调用所有可能的最佳计算集合和节点，完成软件、基础设施、平台的服务调用。

> 边缘计算：如何通过实体校园的分散节点采集和提供标准、安全和全量的去隐私信息。

> 场景计算：如何基于人因工程，通过用户自助模式场景计算模型调用人工智能和算法库，不受技术限制地把用户的权力交给具有感知的用户。

02 教育的业务逻辑、数据逻辑与技术逻辑

建制化，是新一轮教育治理下的趋势。无论是公办学校，还是民办学校，中国的教育治理架构的底层逻辑是都建制化的，这就决定了中国的教育不同于欧美的精英教育，也不同于苏联体系的计划模式。教育的建制化、分层和职能管理，决定了中国的教育结构的底层逻辑是中长期的和稳定的。不同于欧美教育的基于认证和排名体系的社会评价，中国的各种考核评估都是与中长期的计划、计划管理部门、经费计划、申报、下拨、考核、迎评模式密切相关，作为教育信息化的治理结构，多年来总是有意无意在顶层设计上忽视这个最基础的架构，造成了教育信息化的孤岛和不断推翻重来。

这种结构举一个简单的例子来解释就是各种考核和评估。一所基层的学校，比较典型和全面的是本科院校，它面临着各种各样的考核和评估：教育事业发展统计表、实验仪器设备7张基表、本科评估、学科评估、安全评估等。仅仅一个教育事业发展统计表，就有5000多个填报项，一所门类齐全的大学要组织至少几十个学院部门的300多人的队伍来应对。这种模式虽然多年来饱受诟病，却是一种有效且稳定的治理模式。与此同时，中国的各级各类大学还吸收了欧美近些年的评估、认证、排名的有益部分，更增加了从基层到教育各级主管部门的事务性工作。

相比起来，信息化在这方面，一直是无所作为的。

貌似复杂和烦琐，甚至是冗余无效的各种统计，却构成了中国教育庞大而稳定的基石。各种目标管理、责任体系、追溯流程，保证了整个教育系统的均值质量。与此同时，巨大的事务压力压倒了基层教育管理者和教育工作者，必须面对这种现实，构建基于中国教育基础架构的柔性信息体系和应用的适用性，才能彻底改变教育信息化在总体上无所作为的局面。

如果我们从基层学校的治理结构分析，事情可能就会迎刃而解。例如，对于实验室管理系统来说，校领导关心的是投入在哪里、效果如何，这是上述的治理结构决定的。同样地，实验室管理处关心的是设备在哪里、使用率如何；教务处关心的是实验计划执行情况、授课效果如何；教师关心的是在哪里上课、考勤与设备仪器准备情况；学生关心的是实验内容是什么，作业成绩怎么完成。以往的信息系统解决上述问题的思路是"头痛医头，脚痛医脚"，应对校长就做一套可视化系统，应对处长就使用一套填报系统，应对师生就使用一套课程系统和零散的实训实验系统。然而，建制的强大往往超出想象，所有的建制是基于专家评审、审计、评估的，而专家是灵活的，所问的问题是离散的，这就造成了信息化越多，基层负担越重的窘境。

如果换一个思路，最开始就做复杂的建构设计，而不是零散的系统，从可视化所需要的决策支持指标到教务处、实验室管理处所需要的资源共享和流程协作构成中台应用，再到数据层的各种输入、输出平台化，应用层的各种系统服务的技术服务平台化，事情就变得柔性和具有层级，适应性就强。

上述很多标杆案例已经给出比较好的平台化思路：业务交给前台处理，数据交给中台处理，技术交给后台处理。

前台接管业务，有几个重要的关键点：零散的业务除了按照类别进行分区、分模块管理之外，最重要的是要在教育业务服务中准确把握深度逻辑的教育复杂性和高度关联应用。例如，教务的排课，实验室的二次排课、分组分批实验，以及工程训练、医学实验、大学生创新等，因为资源紧缺，高度依赖跨部门、跨学院、跨资源的协作。前台的微服务化和可视化，需要流程引擎、计算引擎、判冲机制的深度关联，而以往教育信息系统只关心重点部门，而不是以业务的关联性进行分析，造成了简单化和非耦合的结果。

中台接管数据，就需要把所有的应用中台标准化处理之前，完成数据化，既包含不同厂商的协议、文件、数据库、物联等输入数据化，又包含各种教育建制中的标准的输出数据化，更加难的是还需要能够以图层形式容许基层部门透明无扰地进行自然状态的管理活动、教学活动、服务活动。输入抽象成为数据，输出抽象成为数据，一进一出，完成标准化的能够处理的统一技术对象。

后台接管技术，就是要系统地研究教育标准化动作，通过对各种管理活动、教学活动、服务活动的分析与研究，以封装的微服务、小应用、算法仓库、湖仓等方式，提供高效的技术支撑。这种技术支撑通过前台的业务语言转变成中台的技术语言，再集中通过服务与后台做统一的注册与管理，而不是以前那种根据需求定制的长周期模式。

三个平台构建完成之后，前台需要的是大量常年在一线懂教育、懂业务、懂法律与政策，从长期角度看待教育的业务专家；中台需要的是一大批以数据角度从事服务，而不是从事应用的服务商；后台需要的是对教育进行高度抽象、封装成典型教育应用的对象化技术。

03 输入、输出、计算与应用

每到学科评估、本科评估、专业评估的时候，高等院校的校长、院长、处长们又要紧张一阵，骨干的双一流院校就更加紧张。事实上，从事教育数据服务多年，我知道如果数据客观真实，这些院校是万不应该如此紧张的，原因也很简单，国家有关部委和省市对这些过程性和周期性的报表是常态跟踪的。例如，教育部的教育事业发展统计表、高等院校基本情况表、实验仪器设备 7 张基表，财政部、科技部、国税总局、发改委等都有各种各样的报表，这些报表中间都暗藏玄机，造假成本代价极高，也没有必要。那么，既然如此，为什么越是好的大学越是对评估感到紧张和警觉呢？

也许 2020 年的 U.S.News 世界大学排名能给我们一些答案。在这个排名中，名不见经传的学校冲到前面，而名校往往落后。原因在于，各种的评估、认证、排名在教育数据中的作用逻辑有别于一般的统计。

我们先从学校的教育数据架构来谈这个问题。虽然本文研究的对象是高校，但是基于这些年对基础教育的了解，我发现，基础教育的教育信息化结构更混乱，思路更加不清晰，更需要厘清教育信息化的投入和大数据的思路。

输入、输出、计算与应用。我们如果把学校的投资经费、师生、条件装备、校园空间、课程体系、专业等标准的数据当作输入，把科研成果、学生毕业就业、学业成绩、创新创业等当作输出，把从输入到输出的组织过程及其系统当作计算的话，那么传统的教育事业基本上只要输出，这种输出数据基本上是真实可靠的。问题就出在还有第四类数据,那就是应用,也就是输入是客观的,计算是具体和个性的,输出是客观的,一般的教育统计也是客观的。但是,评估、认证、排名、指标、督导、检查,不是事实,也不是数据,是基于数据和事实的"观点",即使"观点的标准与过程是公开的、透明的",也难免使用抽样的统计学方法。而学校这个组织形式与一般企业有很大不同,教师和学生除了授课和学习,对于组织的了解非常有限,因此高等院校出现在评估现场安排学生造假背单词的现象也不足为奇了。如果"观点"的标准有偏差,那么评估就会产生巨大的偏差。

好学校夯实数据基础,差学校忙于迎评。经过10多年的探索和饱受诟病,与外行的议论与猜想不同,各大学校在国家"双一流"计划和地方"双一流"计划中逐渐将重点集中在打造学校和学业学科的教育基础设施上了,更包含基于真实教育条件的数据基础设施。前者包含科研条件、教学条件、实验条件、师资条件和重点学科的打造以及创新环境的打造;后者包含学校的输入、输出、计算、应用的数据基础,即数据溯源、多重出局的处理与计算,结构化与非结构化数据的综合使用,过程数据与结果数据的数据基础平台建设,以及内生数据(学校本身的数据)与外生数据(社会数据和毕业生校友数据)的交互与打通。

"双一流"大学的一个任务是示范,也包含对基础教育的示范与引领。基础教育最重要和主要的出口是高校和职校,高校不仅是基础教育的出口,更是方向与引领。相比起高等院校的数据建设,基础教育更多地以县域和省市为主,以管理为主,而不是以教育本身为主。在基本的教育条件投资有了公平保障以后,以校本为导向的教育数据也必然成为今后校园信息化的重点。从这方面来看,大学的教育信息化发展之路,中小学不需要重新走一遍。校园信息化的业务架构与数据架构的基本形态也是类似的。

教育数据的输入

为什么越好的大学越怕评估呢？一个很重要的原因在于输入的重要，有的在学校，有的在学院，有的在处室，还有的不能公开来源。由于中国最好的大学几乎都是公办的，为投资人负责体现在数据上，也就是数据要为上负责。这本没有什么问题，问题在于个体的教师和学生面对抽样调查的时候，是不清楚高度结构化和内卷化的其他数据的。而评估机构在调查和抽样的时候，也不会一下子去找到高度结构化分工的处长、院长和实验室主任的。这样，以高度市场化和随机得到的数据去评价高度机构化的体系时，就会造成数据失真，以及"惧怕数据失真"。这就是高度结构化的社会教育界会非常警觉各种"威慑力很强的排名评比"，而高度扁平化的国家各种教育排名评比威慑力却并不强的原因了。

为了解决这个问题，校园信息化首先要解决的就是"数据主权"的问题，即系统梳理校园中的部门数据（资产、财务、人事、学生、实验、教务、后勤、科研）与基础库及共享库（用户、身份、单位、职位、年龄、证件、身份），使之公平、公开、公正地为教育事业服务。一般这个系统是由学校信息化部门负责的，中小学与大学基本均建设了这个系统。然而，仅仅有了这个系统却无法变成教育过程的输入，这个系统是没有生命力的。一个没有生命力和为上负责的共享库质量也是很低的。经常出现的"信息办成为信息化的阻碍力量"，更多的原因在于信息化部门把共享库当作输出而不是输入。

有了高质量的共享数据与数据中心，服务于二级应用数据层的还应该有灵活的数据策略和非权威的补充数据及二级数据的输入体系。例如，应用单位的临时用户或数据（如退休和返聘教师甚至后勤外包服务进场用校园卡）、补充或二级信息（如二级学院希望得到学生的家庭地址与父母联系方式）、系统说明文件数据、用户输入导入数据（如学校的数据导入不及时，教师直接自己导入名单，甚至教师有权力允许不是授课范围的学生进入课程）。

除此之外，更多的输入数据还来自服务信息的输入，例如计划（规划、投资、排课、资金预算）、对接数据（物联、信息接口、图书情报、网站新闻）、知识库、资源库、电子图书、文件库资源数据。

数据的输入，其趋势是建立一个独立于应用的数据中台，通过数据服务和数据应用统一处理数据事物，而在数据中台成熟之前，一定要在输入型的数据中建立起统一的数据中心。数据中心与原先的共享库和统一身份认证体系最大的区别在于支持各种质量和各种合法用户在系统中做与现实教育业务一致的数据活动：导入名单、添加学生、填写个性信息、更改个人联系地址等。传统的信息化是高度结构化与高度权限化的，而现实的教育业务却并非如此。比如，传统的信息中心不允许教师随便添加学生，而课堂上教师没有学生名单可以自己拿出登记表直接先上课，或者临时使用班长给的手写名单。技术可以解决这些问题。例如，我们可以把数据质量分为"赤橙黄绿青蓝紫"七个输入级别，用不同颜色的数字标注权威性，允许用户采用与现实教育业务一致的行为习惯。

教育信息化项目最常见的拖延借口在于"学校数据质量不好"，事实上这是个伪命题。在任何一个成熟运行的周期性教育组织中，教师、学生、班级、地点、课程、计划一定是清晰的。所谓"数据质量不好"，是"权威汇总的数据输入质量不好"，数据中心就是要改变传统的自上而下的高度结构化的方式。

教育数据的输出

公办院校在对投资者负责的输出数据方面，事实上做得比任何一个单位都好。我对比过世界上各国的教育输出，在围绕教育规划、未来培养、投资使用、教育事业的数据方面，中国是做得最好、最细的，也是最准确的。这个基础事实上是教育数据输出的最有利条件，其中包括各种聚类消息、应用表格（课表、计划、任务）、统计表格（资产、装备、师资人员、条件、结果、过程、日志）、文件（过程文件、结果文件、打印导出）、汇总报表（基表、量表、财务资产、计划执行)、比较(人均、预警、差值、比例)。

2000年成立的澳门科技大学从第一届毕业生毕业开始,每个学生都能查到自己在这所学校的历史成绩、绩点以及课程信息。直到今天,中国的3000多所高校和职校依然没有几所能够实现这点。实现这点不是技术问题,而是输出模型与理念问题。

参加教育大数据的会议,我经常会见到花里胡哨的可视化图表和动态数据仪表盘。客观地说,这种仪表盘的输出格式,更多的是为外行领导参观使用的,既不会被传统的教育统计和规划管理部门接受,又不会被教育场景里面的师生接受,他们需要的都是具体的、个性的数据输出。如果要我们举一个例子,可以用这些年流行的健康穿戴设备的运动数据打比方。在健康的数据中,宏观统计的仪表盘对于卫生体育部门无用,对于健身的市民也无用,而用户真正关心的是自己的数据仪表盘和时序关系。

基于个体(教师、学生)的行为画像与学习过程图谱是教育输出技术需要加强的,原先为上服务的高度抽象的数据,要下沉为高度个性化的过程和中间数据,数据结构和视图上要首先考虑今后的个性应用抽取的可能性。

教育数据的计算

应用和软件驱动与数据驱动最大的差别,也许在于把各种数据的输入输出之间的转换看作是应用还是计算。教育管理信息系统是一个人机系统、一个社会技术系统,最难解决的是需求和人的问题。如果我们把原先的管理信息系统的软件分拆成计算和应用,那么所有的决策、评估、观点就都属于应用,而所有的工作、过程都属于计算,事情总归更加容易处理。

没有人参与的计算包括教育的控制与边缘计算、云计算、本地计算、资源匹配、工作量数据、行政服务与管理数据、资产条件装备、预约共享、实验与科研过程数据(实验过程数据、结果数据、仪器数据、科研过程数据,这些软件过程我们可以全部当作计算过程)、物联数据(音视频多媒体录播、大型仪器、控制信号、考勤）。

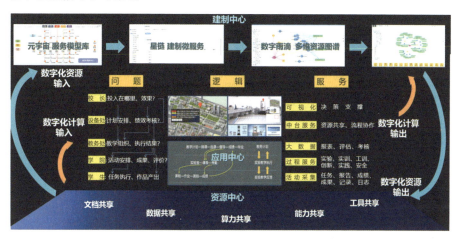

基于教育数据计算的柔性多目标评估

另外更多的计算是对教育工作者包括管理者、教师以及学生的教学过程的督导、评分，教学过程数据包括考试、测试、作业、练习、预约、门禁、刷卡、考勤、行为。此类计算，是人参与的计算，计算的过程使用软件，但无论是否有人参与，结果都是事实而不是观点，我们因此把此类软件当作计算处理。

计算按照技术分为两类：第一类是统计计算，也就是把各种数据通过清洗与加工变成结构化的通过统计进行处理的数据进行计算；第二类是大数据计算，也就是利用"商业分析"的计算工具进行大数据的数据处理，包括人工智能、机器学习等新的技术手段。

教育数据的应用

使用数据如果带有使用者的模型、主见，或者事实只占据一部分而主见和结果由应用系统或使用者输出，我们把它当成应用而不作为计算，无论这种应用是按照"抽样"的统计学方式形成，还是按照"深度学习"的人工智能方式构建。

教育系统典型的应用是学科的评估、达标、评价与迎评、认证、排名、指标、预测、图形与可视化、检查督导等。无论这些标准多么公开、专家多么客观，因为反映的主要是观点而不是事实，因此围绕着形成人的观点的应用。

之所以通过这篇文章把一所学校的教育数据分成输入、输出、计算与应用，主要是因为当下我认为全社会做好教育的一个重要的共识就是——以尽可能大的社会公约数来讨论教育（数据驱动），加大教育有形和无形的全社会的公共投入（数据输入），教育系统以学生、教育以及课堂为本（数据计算），宏观上为国家输出好的人才、微观上成就个体成为全人（数据输出），在此基础上满足社会的期待（数据应用）。

04 地端融合、云端聚合、应用组合

2020年，新冠疫情使3亿中国学生聚集云端，学校信息化发生什么变化？公共互联网教育又有什么机会？

地端融合

对于教育管理者和教育应用开发商来说，原先明显的C端和B端两个阵营将不复存在，只有用户端。B端和C端的融合意味着教师和学生将更加集中精力干自己的事情，透明的管理和服务不再是用户头上的紧箍咒，而是用户脚下的跑道，管理者和技术供应商面临着从支撑裁判到围绕跑道的深刻变革。

校内与校外的互联网围墙不仅仅意味着技术的融合，更意味着管理者和技术提供商从物理的校园必须转型到云端的空间完成坐标的转移。

虚拟世界的知识、技能、概念、素养、行为轨迹、友谊及成绩魂归何处？实体的校园、实体的实验室、实体的书本、实体的花香，与实实在在的老师和校长，成为教育的坐标。

教育信息化走过了30年，只做了一件事——构建教育后台；2.0时代要做两件事——搭建中台与前台。前台是用户，是管理，是教育，是需求，是所有的以前争论的伞面。雨来了,打不到头上,落到脚下的土地就转变成营养。关键是要有一个人撑住中台的伞,护住伞下的人。数据从哪里来,到哪里去,需要一个融合中台与前台的技术架构疏导数据如雨水一样流向合适的地方。

伞面:业务聚合(会议评审、工程认证、教学评估、论文评阅、职称评审、大创评审、校企协作、服务于学科)

伞骨:资源归集(文件、物联、数据,来源于全智能数据中台)

伞柄:流程支撑(流程引擎,跨业务,根植于全信息业务中台)

教育是一把伞

云端聚合

钱存在银行安全,还是放在家里的地窖安全?买个发电机可控,还是用公共电网可控?今天不是问题的问题,30年前如此考虑都不是杞人忧天。今天的走廊里照样有应急照明,可保证供电安全的双回路用电已经退出历史舞台。多数据源聚合能解决用户的安全性隐忧。计算与存储分离、页面与数据分离,客户隐忧的是数据,正如一个人去公园散步担心的是脚滑,而不是公园里的花香和鸟鸣。

30年前出门买东西要分别去粮店、肉店、菜场、服装店,商场这种东西诞生于100多年前的美国和出现在20多年前的中国,中国商场的出现晚到超出想象,不是技术问题,而是思路没打开。教务系统、实验系统、学生系统、教学系统、科研系统、考试系统、成绩系统,一谈到系统整合,就想到让一家来完成,但不应如此。多系统融合,云提供了一个空间,核心是招商的思路和标准。

文件、视频、数据、用户、场地、物联，教育资源有结构化的，也有非结构化的，它们在哪里？使用什么系统？谁使用？在物流没有成为一个行业的时候，每个单位都建有自己的仓库，都买了自己的货车，都有自己的司机。专业化的第三方服务在实体叫物流，在云端叫资源容器，运到哪里是用户说了算。多资源聚合于云端，安全性在更加专业的管理下更加有保障。

应用是一种权力，是角色的权力、主管的权力、评价的权力、部门的权力，希望统一规划所谓的应用和需求，等于杀死每个活生生的欲望之躯去卖肉。应用就是生命，多系统聚合不是杀死不同的系统，而是把各个系统变成更加灵活的微服务。

应用组合

与其分析和管控躲雨的人组合的灵魂，不如真正想清楚躲雨的人需要的真正服务——一把帮助他们的伞，以及能换洗的衣服；下沉一层，信息化海阔天空。一直纠缠于应用共享的自上而下的信息化，应从文件共享、物联共享、数据字段共享中寻找突破口，雨过天晴，海阔天空。

文件的主权不因为信息化而转移到教育管理者手中，信息主权、信息使用权、信息处置权不是一个哲学问题，而是核心思路问题。细颗粒度的数据主权第三方服务会更好地完成任务，该共享的共享、该授权的授权，保护数据主权就是保护信息生态。

物联共享是管理和应用的主权，要以微服务的形式提供给被授权的应用。各种被授权的应用在云端和地端的用户中心、权限中心、配置中心的帮助下，使得教育的视频、音频、门禁、录播等成为安静的仆人而不是管控的工具。

数据字段共享是最难也是最体现教育理解力和教育技术架构的地方，要以业务为导向，从校长开始系统地思考什么是教育的资源、活动、评价，什么是学校的知识、技能、体验，构建一个具有深度哲学思想的教育操作系统。至于使用数据库、数据转置还是数据湖技术，不一定是一个问题，只是节奏而已。

教育者要靠谱。信息的资源图谱是要在教育管理者头脑蓝图构建以后，通过技术上柔性的流程引擎构建不同场景跨系统、跨应用、落在底层文件、物联、以数据字段为基础的一把大伞，模板是伞的伞面，技术手段是伞柄，而撑伞的人是教育的主人。

05 内卷、开放与数字融教育

有从事计算和统计学专业的专家从自身的专业出发,将人工智能的发展归功于统计学或者数学的进步,进而得出人工智能是一个很严肃的学科。内行都不敢随便发言,外行则热闹得多,然后进一步得出脑科学和神经科学对人工智能毫无贡献的结论。如果仅仅从数学模型、算法以及工具来看,似乎这个结论是对的,到目前为止,人工智能没有用到生物学、基因学和医学解决问题的工具和模型方法。然而,我对卡内基梅隆大学学者的认识是,无论是神经网络的创始人皮茨和麦卡洛克,还是最近真正帮人工智能冲出重围成为毫无争议的深度学习领军人物辛迪,都不但有生物神经专业的学科背景,而且正是通过模拟生物和生理传导机制才发明了"数学和统计学工具"。无论是国外的麻省理工学院、斯坦福大学,还是国内的人工智能一流院校哈尔滨工业大学和中国科学技术大学,都有一个共同的特点,就是纯粹的统计学相对来说都不强。人工智能严重依托数学没有错,但是如果说人工智能的发展和其他学科没有关系,只和统计学有关系,就是典型的"内卷化"思维了。

20世纪50年代末期到60年代,美国人类学家克利福德·格尔茨(Clifford Geertz)在对印度尼西亚的农业进行深入研究后发现:当地农民在既无法参与资本又无法开拓土地面积的条件下,把劳动持续投入到有限的水稻生产中,导致农业生产内部精细化;社会长期没有进化(evolution),陷入内卷化(involution)。内卷化的原意指的是一种自我锁死的状态,这种状态会导致社会没有实质发展,没有技术跃迁,整个社会在低水平上无限次重复与轮回。最近,互联网引用的内卷化,更多的是指在一个自我锁死的系统中所进行的一种没有创新的内部过度竞争。

例如,人工智能学科非常明显是融合数学、统计学、计算机、神经和脑科学,甚至心理学的一门学科。1943年,皮茨和麦卡洛克研究心理学反对弗洛伊德的时候,人工智能得以起源;1956年,达特茅斯会议集合了心理学家、社会学家和数学家的共同智慧,正式提出"人工智能"这一名称;再到20世纪80年代,人工智能受益于反向神经网络和深度学习技术最终修成正果。这是一个不断与外界学科交互、开放的过程。反观中间走过的几十年的以统计学家为主导的、专家系统为核心的人工智能,一直陷入内卷化而没有得到最终突破。有趣的是,今天所提出的统计学在刚刚出现的时候,面对的是不断内卷的数学家的不屑,甚至贝叶斯理论长期不被当作严肃理论对待,直到统计学修成正果后才改变这个状态。

内卷化是一个人类学名词,但深入研究后我们却发现它和热力学定律以及信息论的分析方法等价。在一个远离平衡态的开放系统中,如龙卷风、湍流、烟囱发出来的青烟、学校系统等,它们一个共同的特点就是单独并不是一个平衡的系统,具有明确的方向性和能量的不持续性;另一个共同的特点是稳定,通过吸收更高的能量释放更无序的排出物,保持系统的稳定。在一个开放的系统中,这种稳定被称为耗散结构。

学校是一个耗散结构,它是开放的、有各项异性的、稳定的,却是远离平衡态的。与学校类似,一些学科,尤其是新学科也是如此。这样的一个系统维持平衡需要大量的社会投入,吸收各种高能量的公司、社会、科技、政府的支持,并且排放出更高熵的"废料"。系统稳定需要两个条件:更高能的支持、更高熵的无序。对于学校来说,一旦与社会脱节就会变得不平衡,而太过功利(熵值减少)就会因为输出不平衡失去稳定态。

时间回到1943年,创立了控制论的维纳、创立了信息论的香农、创立了计算机架构的冯·诺依曼、创立了人工智能的麦卡锡、创立了神经网络的麦卡洛克，一群"内卷化严重"的大咖听一个18岁的小孩皮茨讲课。皮茨与这些大咖的出身绝对不同，他初中毕业、拾荒三年。不过，诸位大咖的问题之所以没有解决，是因为过于"内卷化"造成教育动力不足，皮茨在流浪的几年中学习了多门外语，他的目的却是研究原生语言写成的科学原著。这些能量巨大的原著和流浪这种更加高熵的能量扩散，方能诞生解决诸位大神问题的真正灵感。事实也证明了这一点，冯·诺依曼、维纳、麦卡洛克等人都被这个叫作皮茨的人影响。皮茨就是那把打破内卷化的钥匙。美国如此，中国也是如此。由于人工智能始发的原创技术不在中国，中国的多数号称这方面专家的院士基本上既没有在人工智能领域有原创的贡献，又对人工智能的历史和学科怀有很大的视野封闭，因而出现错误是很正常的。

教育系统如何从一个需要输入能量、排出高熵的系统，变成一个自以为可以封闭起来过度竞争的"内卷化"系统的？这是由于参照系有问题。只在教育看教育、只在统计看统计、只在院士看院士、只在科学看科学，视野范围就是一个封闭的系统——封闭的校园、封闭的师生、封闭的知识、相对封闭的教学大纲，似乎可以和世界脱离。高能的人员、知识、能量和对社会"没有直接贡献的师生"，逐渐沉浸在"封闭幻想"的学校和学科的围墙内恶性竞争——刷题、考试、评教、升学，似乎这些就是天大的事情。在这种"幻象"中，学校越来越封闭，教师逐渐成为家族职业，学科集中在更为封闭的"学阀"手中，直到有一天，轰然倒塌。

这种倒塌历史上多次出现。成功的先例也有，通过"打破"而促成能量和物质人员的交换最终找到新的平衡，内行的严谨与外行的打破，实际上都不是系统重新稳定的根本原因，根本原因是还原出原本重要的开放系统。杜威和陶行知一致推崇的社会和学校的关系，从"内卷化"的角度看，也可抽象为典型的打破内卷的耗散结构。

数字化教育有两个方面，一个是数字化手段，一个是数字的内容。对于技术的破坏性创新，大家一般比较重视，对于内容方向的颠覆性创新，则重视较少，而这种颠覆，往往是从系统的视野封闭与开放开始的。从信息化到智能化再到数字化，就有点像从蜘蛛到人再到海星的变化，蜘蛛是中心信息化，人是依靠生物神经网络进行信息分层处理，但是脑袋还是脑袋，手还是手，而数字化的海星模式，打散掉又会长出来。这种以最小单元建制灵活生长和具有超强战斗力的数字化，是建立在平台及其完善的基础上的。总体来说，是在你已经建立起来的全时空、全自动、全信息、全智能、全掌控的生产信息化基础上，有了 PAAS 系统，有了 SAAS 系统，就差架构了。

模块组件 三中心	场景组织 三平台	服务支付 三网	持续改进 一服务
建制中心 目录｜关系 业务交通图：图谱制作、标识定位、资源发布 建制服务：建制资源、建制维护、建制发布 资源图谱：图谱维护、图谱资源	前台 发布｜使用 用户接入：PC、小程序、短信、联合认证、多种认证 信息发布：数据源、CMS	外网 开放｜访问 网络访问：SSL、访问控制 数据交换：实时同步、脚本同步、数据脱敏	专业服务 响应｜优化
应用中心 组件｜领域 空间管理、章节资源、课程入口、安全考试、在线考试、成绩管理、实验排课等、500+	中台 流程｜配置 实践教学执行管理、实验教学、实践训练、创新实践、工程训练、实验室安全、流程引擎、IOT	物联网 实体｜接入 物联采集：视频、传感、仪表 联动控制：门禁、电源、PLC 实体资源：实验室、仪器设备	
资源中心 链接｜接口 知识库：文件、课件 实验资源：专业数据库、虚拟仿真项目、实验课程、虚拟桌面 应用资源：实验室、仪器、考勤、考试、成绩 物联资源：摄像头、门禁、电源控制、智能柜	后台 研发｜协作 开发服务：版本管理、系统发布、运行监控 创新工坊：开源社区、开放接口、协同开发、测试平台、开放课程 开发生态：接口开发、算法共享	内网 设施｜控制 内网访问：VPN、校园网 信息安全：安全域划分、隔离交换 数据服务：脱敏处理、数据仓库、数据平台	

平台化架构

架构有三中心，以建制中心、应用中心、资源中心为支撑，以强大的用户平台、管理中台、开放开源后台三个平台化支撑为体系，以互联网、物联网、内网为场景。以上三中心、三平台、三网，把业务场景切换成 N 多个标准的模块，用户可以快速地搭建起一个数字化产业平台。这个转型有一个假设，真正的业务专家积累多年的经验，数字化本身并不能直接贡献力量，数字化主要为三类事情赋能：第一类是业务孪生。将已经有的、专业的、系统的数据对接，建立起业务系统的结构化、模型化、图谱化；将所有的资源进行对象化、封装化、容器化；还将所有的工作流程引擎化、基础设施服务化、生产调度可视化。第二类是现代学徒制。大学是世界上最悠久的组织之一，所以存在内在的建制和流程。结合大学和生产的双元结构,就构成了以德国为代表的双元制现代学徒制度,以数字化为载体,可以完成人才培养的从招聘、岗前培训、定岗到评估的一系列短流程场景化培养,实现技术即资源、学习即生产、顶岗即培训。现代学徒的培训有点儿像战士和飞行员的培训,训练是超现实才能满足现实要求。第三类是科创智造。好的研发中心都不在工厂里,但是比任何一个工厂都更加容易获得全局的信息。数字孪生系统不仅让全局即节点,还使得模拟即未来。更有好的生态志愿者网络构建起研发和产业链的生态,通过三中心、三平台、三网,打造团队协作、市场创意、原型开发、产品设计、智能制造的创新组织。

06 前台、中台、后台

2021年夏天,我难得去上海的老闸北地区跑步,20年前"走走看看其他路,买卖还到四川路"的记忆犹在耳畔,但是由于电子商务互联网的冲击,这一片的商业萧条得已是不忍看了。电子商务与支付大大促进了商业的效率,然而它们在带来巨大冲击的同时也造成了利益格局的巨大变革。从个体的角度和科技的角度来看,适者生存,时代总在向前发展;站在民生的角度和社会资源发挥最大效益的角度来看,老闸北区的这几十万人在上海这个国际化大都市被如此淘汰无疑是巨大的浪费和灾难。因此,在国家整合和科技大发展的春秋时期,老子感慨道:"使有什佰之器而不用,使民重死而不远徙。虽有舟舆,无所乘之;虽有甲兵,无所陈之。使民复结绳而用之。甘其食,美其服,安其居,乐其俗。邻国相望,鸡犬之声相闻,民至老死,不相往来。"科技的进步带来的冲击不仅仅影响了利益分配格局,也造成了后续的资源浪费和创新受阻;原本资源和信息成体系的系统被摧枯拉朽推到的同时,也极大动摇了完整的创新内在的生态以及长期实施才能见效的核心问题。

在技术和资本狂潮冲击下,如何保护长周期和创新生态以及系统性的问题,是有过教训的。记得小时候追捧的确良衣服、肯德基快餐、可乐汽水,多年后才发现纯棉是舒服的、时令食品是珍贵的、天然的蔬菜水果和饮用水是健康的,原来受追捧的东西也许现在还有很大的市场,但是如今我们叫它垃圾食品。在教育信息化中,翻云覆雨的各种教育技术如电化教育、网络教育、

高校服务	公司门户		鲁班学科学业平台		鲁班配置服务中台		计算后台	
	学科治理		教学支持		生产支持		行政服务	
业务服务	教学评估	教育搜索	教务管理	实验室管理	生产保障	版本服务	运营管理	
	学科评估	资源图谱	时间教学	课程督导	项目管理	日志服务	空间管理	
	综合评价	工程认证	工程训练	虚拟仿真	大仪管理	配置服务	安全督导	
服务中台	用户中心	数据共享中心	项目中心	审核中心	作业中心	文件资源中心	题库中心	
	填报中心	排课中心	考试中心	考勤中心	流程中心	日志中心	消息中心	
	认证中心	空间中心	成绩中心	物联中心	检索中心	设备中心	配置中心	

某教育系统的平台架构

现代教育、远程教育、多媒体教育、STEM 课堂、人工智能教育层出不穷，但是每代教育技术人被淘汰后沦为教育体系后勤的背后，学科教育、素质教育、教师的沟通与课堂掌控能力却是永远不变的持续的核心力量。在技术与潮流变革中变与不变的哲学，是考验教育系统内在定力与核心所在。

教育技术和教育信息技术，最大的作用不是淘汰传统的老师，也不是升级传统老师的信息素养，而是为他们搭建更加简便易用的平台；就像网络技术不应该摧毁一个又一个商业区的传统店铺，而是利用技术的红利把传统的商业店铺变成买卖更加舒适的商业区和物流包邮的便捷 O2O 商城。

总体来说，面对教育的用户、管理者以及教育技术和教育信息技术的供应商，可持续的教育信息化架构在技术与经济集约性的冲击下，朝着前台、中台、后台聚集在所难免。而集中于服务前台的教育信息化并不是代替课堂，集中于统一管理中台的教育系统并不是代替校长，集中于教育供应商的后台并不是代替开发者，与大型购物商城并没有消灭一个个小店铺的逻辑一样，平台是提供工具和服务的，并不是替代业务的。如果有这个危险，就像这几年反垄断一样，物极必反，会自我矫正的。

服务前台

2013年，我在美国访学的时候发现，他们学校服务型的信息办都设在校门口，学生和教师办卡、开网络、注册、缴费等事项，全在类似今天的政府办事大厅的平台中进行，一个程序背后需要几个部门审批，那是中台的事情，前台只管结果。新冠疫情期间，我国各个省的移动终端公众号都发挥了巨大的作用，集中了各个省政府为民办事的所有服务的界面。经过了10年左右的进化，服务前台的概念逐步被人理解，并且走过了商业化、垄断化到公益化、中立化的过程。今天，中间的各种应用并没有由政府大包大揽，各种应用逻辑的服务公司、服务人员并没有大批失业，在一个平台内部的竞争与合作仍然发挥作用。就像教育平台代替不了课程服务，课程服务代替不了教师，网络平台的基础服务将是公益的、安全的、开放的。

管理中台

一所大学有十几个学院、十几个处室、几十个到几百个系统，一所义务教育的学校有十几个教研室、多个年级，一个县域教育局之下有十几到上百所学校。以上的单位同质性很强，非常多的教育类上市公司瞄准了这个市场，采用各种方法垄断项目从而获利，甚至有了通过技术来垄断数据和管理来代替教育的心理动机。与服务前台完全不一样，管理中台更容易被资本和技术掌控，业内的集中度更强。然而，从创新的机制来讲，表面同质化背后的管理异质反而是教育系统创新的源泉，教育系统更应防止中台的垄断而阻碍教育创新行为的发生，这也就对中台的开放性、公益性、中立性、包容性提出了更高的要求。在电影、体育、云服务、物流等领域，有不少提供中立性管理中台业务服务的案例，而公共的、开放的服务用于教育管理的中台还正在摸索中。管理的中台化，必然带来MVC架构、微服务开发方式、计算与存储分离、数据与应用分离、数据驱动、流程引擎化的技术趋势，也必然对数据中台、配置中心、权限中心、安全角色与权限进行统一的管理。

开发后台

华为公司是全世界领先的电信与网络技术公司，而当关键技术卡住脖子的时候，华为经常用一句话来解释为什么速度没有预期得快——"产品生态链"。什么是产品生态链？除了关键技术华为有缺失外，最重要的是华为过去都是自己开发或者委托开发，中国没有一个不受国际政治影响的开发生态后台。例如，操作系统联盟、数据库联盟、芯片产业链。举个例子，华为的运动手表功能非常强大，也很人性化，但是华为手表的数据只在其品牌旗下的手表中可以数据互通，无法将数据传输到其他几十种不同款的国内外运动 App 中，原因也在于原先的佳明、颂拓等运动品牌早已支持和维护了一个庞大的开发利益共同体，早先的厂家用更低的成本、集中于更核心与聚焦的技术，使周边开发更加依托于合作伙伴完成。那么，一起完成的平台就是操作系统、物联网、数据库的开发后台，这个后台一个具有利益诉求和控制力的厂家自己玩不转，但是一帮没有利益的小厂商更玩不转，这是长期博弈的结果，我们叫生态，事实上是开发后台。开发接口、开发语言、数据表、结构与视图、协议等还是表层，深层次更有安全措施、算法仓库、版本库、文件系统、操作系统、数据库、芯片等更加核心的生态联盟体系。具体到教育方面，教育业务的排课、成绩、日志、视频、录播等，如果没有一个开放的和中立的生态联盟和后台支持，教育系统要么被垄断，要么成为信息孤岛，成本居高不下。

基于以上的考虑，教育信息化的发展还在路上。前台正在逐步成形；中台主要是牢牢抓住教育管理的核心业务线去形成平台；后台要靠全社会的努力，在条件不成熟的时候，不要做跨越性的投资，要循序渐进，既要运用成熟的管理智慧，又要符合主流、具有冗余。

07

中台若水要自由

1984年，苹果公司的联合创始人沃兹尼亚克（Wozniak）与著名的未来学家斯图尔特·布兰德（Stewart Brand）有过一番对话。沃兹尼亚克说："如果一个程序员开发出来的东西，公司决定不销售，那么这个公司是耻辱的，信息应该是免费的，而程序员的时间不是。"斯图尔特·布兰德回应："信息一方面要贵，因为它是有价值的；另一方面，信息渴望自由，因为信息不断地把自己变得成本越来越低，两手互博改变了这个世界。"这番对话改变了世界，从此音乐版权越来越便宜以至于免费，而音乐家和乐手的巡回演出费用越来越贵。

在信息时代，每隔10～15年重新迭代一种生态：晶体管、集成电路、个人电脑、互联网、云、大数据与人工智能。如果从哲学层面看待这些事情，也许可以概括为以摩尔定律为代表的信息与能量的关系，以人工智能为代表的计算替代智慧，而中台技术的哲学就是信息要自由。

数据与资源的共享经过了几个阶段——图书情报系统、数据库和存储系统、局域网和互联网电子阅览中心、资源目录体系、云平台、中台，无论如何强调知识产权和信息安全，信息还是按照自己的"要自由"的趋势突破重围汇聚入海。信息一方面顺从内心的驱动力不断向海平面回归，另一方面又非常配合不同生态而因势利导，万千世界不因奔流入海而枯燥，也不因变化万千而隔离，此谓"天则"。

中台技术热潮已过，有人向往，有人担忧，只有明白中台的哲学，才能把握大势，管理好应用，配备好架构，顺势做资源的汇集，凝聚技术文化的共识。总体来讲，中台秉承了软件即服务、平台即服务、基础设施即服务、升级技术即服务、数据即服务、业务即服务，通过数据中台、技术中台、业务中台构建了信息的江河湖海（数据库、数据池、数据湖、数据海、数据仓），把需要收费的变成服务而不是信息。

数据中台包含平台运维数据库、消息中心、全文检索数据中心、数据交换、数据投影、平行数据中心（业务数据中心、审核数据中心、共享数据中心、用户数据中心、物联数据中心）、分布式数据库、自由主数据处理组件（搜索引擎、数据复制、消息中间件、分布式缓存）、ELK审计中心、数据仓库、文件资源容器、湖仓。

业务中台包含门户（多数据源隔离、分库分表、一站式一门式服务注册、统一授权认证、网站群技术）、应用仓库、App中心、微服务治理、资源图谱、算法仓库、流程引擎、计算平台、虚拟资源调用（虚拟主机、虚拟应用）、配置中台、社交网络（手机短信、QQ、邮件、微信）、用户中心。

技术中台包含开发框架、服务水平管理（数据服务、运维服务、通用服务、应用服务、架构服务、开发与版本服务）、持续集成（自动化部署、版本控制、心跳检测、配置服务、热部署、服务器群、服务监控、数据库群、服务器流熔断、单点登录、负债均衡、GIT库、自动化发布）、API网关、认证中心（权限、联合认证、CAS）、AD域管理、日志管理。

湖南永州的九嶷山颇负盛名，《水经·湘水注》中说："九嶷山盘基苍梧之野，峰秀数郡之间，罗岩九举，各导一溪，岫壑负阻，异岭同势。"九座山峰如同一个模子刻出来，山山各有一瀑布流下山涧，成为奇事，因此叫九嶷山。上善若水，全世界的水全部归入大海并不奇怪，奇怪的是每座山峰和奔流而下的溪流都一样。应用如山，变化如心，天则如水，海平面是中台。中台技术的哲学就是若水要自由，利万应用而归大海，一次次循环，不仅没有损害各方，更是通过化腐朽而获新生。

中国管理信息系统的开创者薛华成教授对信息系统有一个重要的论述："信息集中，权力下放。"我斗胆狗尾续貂："数据成溪。"应用的路是靠人走的，而中台若水，水利万物而不争。

08 数字教育产品化生态

纽约的奥特莱斯非常大，事实上是一半坐落在纽约，一半坐落在新泽西。出于税制的原因，新泽西的服装免税，因此服装折扣店一般开在新泽西一边，但是有一些店就开在纽约一侧。我看中了一套非常合身的阿玛尼西装，于是和店员说："您看，隔壁就是新泽西，光税收就节省了几百美元，你们为什么不在隔壁开个专卖店呢？"店员半笑半瞪着我，只说了一句："Armani, New Jersey？"（阿玛尼，新泽西？）由于很押韵和夸张，双方都哈哈大笑。是的，新泽西一边就是缺少比较顶级的品牌。在一个大的折扣卖场内，一个产品的竞争对手并不完全是同类品牌，有时候还是生态选择。

奢侈品基本上没有"同质化"这回事，同样作为精神供给的信息产品也没有"同质化"，但是信息产品同时又具有数据标准化和电子产品摩尔定律的特点，因此信息系统的产品化生态就极为复杂。我们既能够看到几千块钱一块的佳明运动手表，又能看到百十块钱的小米运动手环，即使同一个品牌如耐克鞋，也会存在价格与功能之间构成的品牌矩阵。

由于摩尔定律和信息本身的"要自由"的属性，单一的信息产品很难构成持久的竞争优势，这就造成了知识产权与研发成本折旧的难题。"音乐是免费的，而乐队的时间很值钱"逐渐成为主流，而乐队的"现场"逐渐在一个演出的生态中被放在心理阈值中细化和夸大，最终成为一种依靠情感的敏锐性而完成消费资金流转移的模式，在经济学上事实上完成的是一种极其敏锐的消费细化，背后是对人的情感的尊重。而信息产品通过不断提高基础信息的免费和低价的水位线，同时用情感敏锐性和时间早到效应来区分消费人群。最早使用黑莓手机的人、最早使用 iPod 的人、最早喝顶级红酒的人、尝得出明前雨前绿茶区别的人，如果除去攀比和炫耀的成分之外，说是最敏感和最先锋的人群，用自己的消费拉动了整体的生活质量一点也不为过。然而，另一方面，先锋消费可以非理性，产品厂家却要靠理性来打造自己的产品矩阵和生命周期，以至于产业生态，才能维持自己的利润和持续的研发投入，而最重要的也是最近最热的一个词汇——"生态"。

靠单一软件产品能够赋值而赚钱的并不多，20 年前我在做信息安全行业的时候发现，即使开发一个软件投入"登月计划"，也要靠"用户生态"来维持自己软件工程的低成本。原以为一家顶级品牌的软件公司有非常多的信息安全人才，后来发现在中国并非如此，而"黑客"团队无疑帮了这些公司的大忙。发现 BUG 不仅是"黑客"团队的事情，也是用户的事情，而用户生态就成为非常重要的一环。在互联网时代，用户生态更加重要，传统的软件工程成为最基本的工程师素养，而一家好的互联网公司更多的是靠用户、用户群，以用户反馈来迭代开发，高频度、低变动的版本管理成为主流，柔性发布技术得到广泛的应用。生产消费者（Prosumer）不仅仅大大提高了用户的反馈，更加重要的是用户通过数据的对比找到了比产品生产者更懂自己的群体和自身的相对位置。在体育界和娱乐游戏界，这点得到了广泛应用。

在用户生态的低成本和高数据模式大大降低了产品的调研和需求成本的同时，为了增强产品的粘性和独占性，各种产品商在服务生态上付出了更多的成本。例如，上海虹桥商务区的携程总部拥有容纳几万人办公的写字楼，其中最多的就是服务生态的支持人员。客服、数据、安全、支付、售后、促销、补贴、市场、品牌、整合产品、后台运维、应急响应等，云端系统与地端系统最大的区别在于一个拥有几万用户的大学的信息办不可能全年 24 小时值班，而拥有几千万用户的电商系统却是全年无休的。做得更好的公司会在全球根据时区来配置服务人员和队伍。

每年一度的苹果全球开发者大会，开创了一个依靠开发者来推动个性化应用并引领先锋应用的热潮，各大厂商也争相追随。一个好的品牌，应该集中精力去开发自己的核心产品和先锋应用，而把价值低、体验个性、区分群体的事情放给开发者去做。在这点上，运动品牌做得也很好。佳明和颂拓都有各种各样的免费的和付费的仪表盘，每个用户都可以根据自己的喜好来选择。做到这点，厂商必须开放接口并提供平台。

用户是"三心二意"的，厂商的选项可以有两个：一个是用自己的市场地位来"绑架"用户，这点在初期可行，但是正如苹果被安卓逐渐"蚕食"市场份额一样，要非常谨慎使用；另一个是采用更加包容和互通的模式。操作系统层较复杂的时候，开放数据生态是最简便易行的方式。通过邮件、手机、社交网络完成不同系统之间数据的自动对接或者上传下载的数据对接，是比较流行的方式。厂商的平台、第三方专业的平台和社交网络的用户身份，形成了多系统对接的格局。几年前运动的人困惑于Keep、悦动、咕咚、华为、小米、佳明、颂拓互不相通，今天通过各种方式逐步形成了对接，数据生态是重要的一环。

数据生态背后深层次的问题是供应链生态。例如，淘宝秒杀电商的时候，谁也没有想到天猫是另外一种模式，京东又用速度拉开与天猫的距离，80岁的老太太向18岁的孙子推荐拼多多的时候又带来了另外一种格局，之后还有叮咚买菜模式和社区团购模式，竞争再也不在一个层面进行，而最终的格局将是各取所需，所谓惨烈竞争是没有找到自己的真正定位。供应链生态其实是产品商的基因，某手机以为自己做个工匠的壳子就能复制小米+苹果，且不知作坊只能零打碎敲把废钢变铁锹，要想做"先进武器"就要与炼钢厂共同创建产业供应链生态。芯片本质上并不是什么了不起的顶端保密单一技术，只是一系列高端生态产业链组合构成了屏障。

生态最底层是研发生态，包括应用研究、创新中小企业、开源社区、理论研究、基础研究。对于一家具有垄断地位的企业来说，最大的敌人是自己，因此除了要做应用研究，还要通过各种股东生态催生创新孵化企业、树立假想敌甚至支持开源社区、做好高校理论研究拓展思路、资助基础研究垄断人才。各种研发生态的构建，不仅仅需要厂商自己的力量，还需要产业联盟、产业聚集带、政府力量的宏观规划。

从生态学的角度分析，产业生态系统由产业生态环境与产业生物群落两部分组成。产业生态环境即指以产业为中心，对产业生产、存在和发展起制约和调控作用的环境因子集合；产业生物群落主要是由种群、物种多样性、产业价值网构成的。总体来说，消费产业、娱乐游戏产业、健身运动产业，在以上方面规模大、迭代程度高、用户数量众多、细化程度高，给出了很好的模板，也为其他产业树立了标杆。

教育产品和教育信息系统相比起来还非常初级，地端系统人为地分成了局域网、民办和公办系统，云端系统又过于集中在"烧钱"的在线教育。在用户生态上，地端教育系统有几万名学生的高校，与云端培训系统拥有几百万几千万用户的在线课程"井水不犯河水"，形不成用户生态；地端系统更多是靠编制内人员执行信息办模式，而云端培训系统专注于进入不了教育结构化体系的视频直播模式，服务生态完全没有形成；培训机构的数据没有形成统一的标准，线下系统的学校之间的数据也无法互通，造成一个个孤岛；每年一度的设备展各部门"各自为政"，设备处、信息办、教研中心采取各自采购的粗放模式，即使有学校构建自己的生态，在小的供应链生态上也勉为其难；在更大的背景下，教育信息技术、信息技术、教育技术、教育理论完全是"鸡同鸭讲"，每个专业按照自己的"百年大计"平行前行。

据说乔布斯临终前对信息技术未触动教育系统的变化耿耿于怀，其实乔布斯本人在二次创业的时候首先走访的就是教育。教育有其自身的特点，学校的诞生，无论是基础教育，还是高等教育，都是一种反熵增的长周期的逆行。因此，不同于社会系统的自组织，信息技术要改变周期就得生长，教育系统的人在自身的用户生态、服务生态、数据生态、供应链生态、研发生态等多方面达成共识，才会有生长的力量破壳而出。而要做到这一切，有一个根本的问题，那就是教育机构的数量从世界范围来说并不算多，因此就要把教育下沉至个体才行。针对个体、针对每个学生，使每个学生的终身学习的观念得到加强，生态才有可能实现。

09 基于平台的教育业务分析

传统需求分析的问题

当前，随着数字化时代的到来，传统基于工程化软件进行开发的需求方法，已经无法满足已有系统与多种信息渠道碎片化、订单化的要求。基于软件工程的需求分析是开发人员经过深入细致的调研和分析，准确理解用户和项目的功能、性能、可靠性等具体要求，将用户非形式的需求表述转化为完整的需求定义，从而确定系统必须做什么的过程。传统的需求分析方法是基于单体系统发展演变而来的，在功能分析方面对需求人员有着比较高的要求，并且存在着以下比较明显的缺点。

> 确定问题难。主要原因有二：一是应用领域的复杂性及业务变化使得问题难以具体确定；二是用户需求是由多因素引起的，比如运行环境、系统功能、性能、可靠性和接口等。

> 需求时常变化。软件的需求在整个软件生存周期常会随着时间和业务而有所变化。比如，一些企业可能正处在体制改革与企业重组的变动期和成长期，其企业需求不成熟、不稳定和不规范，致使需求具有动态性。

> 交流难以达成共识。需求分析涉及的人、事、物及相关因素多，与用户、业务专家、需求工程师和项目管理员等进行交流时，因为他们拥有不同的背景

知识、角色和角度等，使得交流难以达成共识。

- 获取的需求难以达到完备与一致。由于不同人员对系统的要求与认识不尽相同，所以对问题的表述不够准确，各方面的需求还可能存在着矛盾。难以消除矛盾，就难以形成完备和一致的定义。
- 难以对需求进行深入的分析与完善。不全面不准确的分析、客户环境和业务流程的改变、市场趋势的变化等，也会随着分析、设计和实现而不断深入完善，可能在最后重新修订软件需求。分析人员应认识到需求变化的必然性，并采取措施减少需求变更对软件的影响。对必要的变更需求要经过认真评审、跟踪和比较分析后才能实施。

基于平台的业务导向的需求分析模型

- 元宇宙：一种服务模型库，如工具库、知识库、知识管理（收集、整理）等，研发7大领域企业服务政策、表单、知识库，建立权威、迭代、共享的服务模型库。
- 星链：一种建制微服务，建立与研发围绕7大领域科技服务计算接口和计算微服务。
- 数字雨滴：一种多维资源图谱，可视化展现各种服务图谱，用消息机制和协议推送和应用节点信息。
- 作战订单：一种服务应用货架，以用户自助方式定义流程和应用，快速完成应用流程定义和订单式智力服务。

随着信息技术的发展，社会逐渐转向了数字化，其特点是存量的数据及信息资源越来越多，技术基础已经转向了微服务架构；对于微服务、平台化的体系架构来说，基于平台基础服务、跨领域、协作型应用、离散型应用的比例更高，业务平台的复杂性形成了产品经理负责制，传统基于单体系统的功能分析难以满足基于平台开发的要求。需求分析的目标更多地转向了需求评估方面，

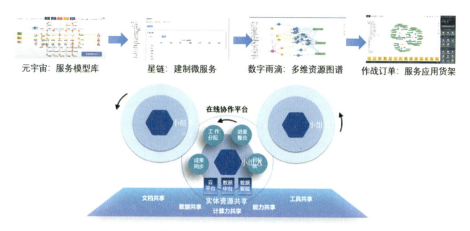

基于平台的需求分析方法的流程

主要体现在对"不能做"需求的甄别以及对需求的分类,而关于功能分析方面的工作更多地转向了负责领域的产品接口人进行逐步完善。

比如,庚商的需求分析方法主要有以下步骤:

> 用户方提供 300~500 字的需求,阐述需要达到的目标、所需资源、关键活动以及关键考核因素,形成数字订单。

> 一线人员收集用户领域相关的规范性文件,对数字订单进行分析,通过交通图的方式实现资源、活动与评价的集合,建立基本的业务交通图(需求模型),并且通过可视化工具建立超链接,实现与知识库资源的关联,便于和相关方进行沟通,在系统层面与用户方取得一致。

> 一线人员随后在业务交通图的基础上,通过建制工具将业务交通图中的资源、活动与评价要素,转化为由各建制节点连接构成的内部数字资源的结构化连接图。其中,建制节点是公司资源、应用与建制中心输出的结构化定义"雨滴",通过建制图,可以实现对业务场景基于资源、应用与结构的精细化描述,形成需求建制,实现与相关产品经理及用户相关方的有效沟通。

> 通过流程工具,对需求建制中节点之间流程的内容进行描述,并与相关需求

建制的节点进行关联，形成完整的业务需求。
- 通过数据工具，实现对数据输出的进一步描述。
- 对接设计，实现系统在资源、应用或结构层面的升级。

10 教育数字化的低代码和教育业务的高代码时代

有个真实的故事：连长怀疑通信被破译了，于是找来两个互为老乡的战士，他们都说很小众的方言，连长让他们用家乡话直接发送军事秘密，一下子解决了问题。

当时我听完这个故事的感觉是，今后的战士要想在战争中获胜，就一定要学好各种特殊的技能、特殊的语言。然而，当时我想象的事情今天并没有发生，今天的现代化战争，对更多的战士而言，需要的是更勇敢的精神、更强壮的体魄、更机敏的应变，而不是更特殊的全面的本领，那些本领更多是由后台更加专业和便捷的系统承担。

如果将数学符号系统看作是一种代码，它仅仅存在了几百年的时间。在之前的几千年，人类社会早就诞生了复杂严密的数学，只是那个时候的数学对普通人来说更复杂，更适合顶极聪明的人学习。可以说，在数学符号系统诞生之前，数学是图形和文字的高代码时代。

语言也是一种代码。由古维京语、古希腊语、拉丁语等不断演化和进化，欧洲出现了几十种语言。之所以突然诞生了那么多种语言，与数学突然诞生了符号系统一样，是给予更加专业的人以更高级和更敏感的高代码工具。今天，全世界有几十万种概念，任何一种语言都只是拥有少量的概念，仅用一种语言表示，一定会缺失现代文明所必需的高代码生态。然而，英语之所以能作为国际通行语言，恰恰在于它的低代码特点：简单、明确、歧义少、容易掌握、发音与书写一致。

计算机更是一种代码。从40多年前的纸带打孔机到机器语言、汇编语言、C语言、图形语言、胶水语言，自然语言编程是一种趋势，然而从未实现。熟悉计算机的人都知道，高代码从来没有失去核心地位，当时确实距离应用越来越远了。就像几十年前的战士需要计算复杂的三角函数才能定位方位一样，几十年前的代码工程师一定要会复杂的计算机程序语言。今天，最高端的工程师是算法工程师，可能并不需要代码能力，因为他掌握的高代码工具是数学工具。低代码、无代码替代自然语言系统成为趋势，几年前只占不到20%，未来几年要占到75%以上。

问题是，消失的低代码并没有被自然语言替代，而是转向了更加复杂的业务语言，就像今天正在进行的数字化战争一样。一个合格的战士并不需要高度复杂的弹道导弹计算的高代码能力，然而对他的体能、智力、社交能力、战略战术构想能力、寻找战机能力的要求更高。如果40年前一个战士执行任务需要800个词汇的话，今天的战士可能需要8000个词汇才能完全表达不同的概念层次。

低代码甚至以标准化和平台支持化的低成本支撑应用，高代码主要用于构建专业领域内的独特竞争力，更需要高成本的投入。

那么，数字化时代的教育，需要哪些高代码和低代码呢？

先说低代码。软件的开发与服务分离，数据服务就是低代码方式，以数据处理方式推进平台运行，出现的问题是平台运行和数据服务捆绑在一起，数据服务非标会引起平台连锁反应；产品化、平台化，一些高频应用以产品或工具的形式固化下来成为透明的稳定系统；网络、应用、资源成为平台基座，以内部科创和优化方式优化高代码，以外部低代码甚至无代码为客户提供服务。

正是在以上的代码领域，数据面板、流程引擎、数据服务成为低代码数字时代教育的正确姿势。在这种趋势下，开发者更多地可以对开发说"不"，对服务说"好",更多地选择短流程、低代码、按次收费。

再说高代码。业务被技术绑架,在信息时代,信息中心、信息办是一个话语体系,业务应用是另外一个话语体系,信息化与教育的深度融合越做越难,原因在于以谁为中心。在高代码时代,却并不取决于哪个更重要,而是取决于哪个更刚性。高代码的信息化是刚性的,业务的需求就只能是弹性的。高代码的信息化支离破碎地从各个领域冲击进教育领域,形成各种孤岛,从培养计划到排课、实验,再到授课、学习、过程记录、学习结果的全过程闭环价值链很难形成。

低代码时代的数字化工具,让业务有了高代码的可能性。数字平台的低代码,一定会带来教育业务的高代码,高代码的基础就是教育规划、教育投资、教育发展、教育培养、教育支持、教学活动等几万个概念的各种专业层次走向前台。

第四章

数字赋能的
教育转型

菩提本为数,
智慧亦非台。
元知万事空,
执念掸尘埃。

数字化的第四次创新在于,数字深深地嵌入到教育与学习中,数字化赋能成为内在动力。佛家的菩提为智慧,道家的元气为天地未分的混沌之气,冯·诺依曼的元胞指时间与空间都离散的动力系统,数据科学中的元数据是将数据本身当作变量而关心其本身属性的数据,埃隆·马斯克说的元宇宙是指数字孪生虚拟世界的内在逻辑系统。教育的数字化赋能,本质上是智能世界的第四次创新,搭建了一个又一个平行的信息茧房作为数字孪生的教育生态。在此基础上,教育的成本指数级下降,学习的效率指数级上升,计算(智能)为意识(执念)提供了改造世界的信息模板。

01
教育的数字化转型的六个过程

数字化转型的大背景是信息经济对传统工业的总量整合和从业人数整合恰好处于临界点，也就是正式完成工业化从而进入信息经济时代。我们可以看到，无论是商务交易，还是物流、制造，利用信息科技进行生产、交易、科研的产业不少，而已经完成整合的头部企业优势明显，剩余的与信息科技无关的部分企业潜力巨大，数字化转型正是时候。

总体来说，数字化转型有六个过程：数码化、池化、软件化、建制化、平台化、生态化。这里，以教育的数字化转型为关注点，谈一谈递进的几个过程。

数码化

谈数字化转型，应以各行各业的管理、流程、业务等方面已经基本完成数码化为基础。数码化使经验变成数据，最大限度地使业务变得可重复、可复制、可比较、可考核，但数码化并不是代替创新活动和复杂劳动，而是代替重复劳动和简单劳动，解脱人和解放智力。数码化后的教育业务、教师的重复劳动（如学生没有听懂可以去看录播）与作为灵魂工程师面对面授课的亲密互动完全是两回事。教育经验变量非常多，因材施教与工具化批量生产是事情的两面。

池化

"池化"是存储的技术词汇，意思是资源池共享且有弹性，按照需求和功能分配存储。数码化后的计算也好，内容也好，本身是信息孤岛，从信息的主权来说，还是按照传统的物理方式归属信息主权方。池化就是在信息隐私和主权得到充分保证的基础上，集约、弹性、便利、共享。我们可以将池化过程理解为建立一个共同的技术基座。对教育系统来说，池化的技术逐步成熟，主权问题需要重点考虑，如教师的课件、文章、教学方法、考题、音视频等主权归属于谁，被授权又是谁说了算。共享中的重重障碍并不是技术问题，而是忽视了信息空间中的责任主体问题。如果不回到尊重主体上，池化是技术无法实现的。

软件化

一旦实现充分责任主体授权的共享，管理经验、重复劳动就会通过可编程的方式完成软件化的指数级提高。摩尔定律使得机器的计算速度大大超过人，而一旦授权明确的池化内容交给可编程的计算，管理效率会大大得到提高。例如，目前学校中大量的后勤编制、管理编制、教辅编制，教育管理部门的文案编制、服务编制，通过软件化的外包会大幅度减少，从而使得学校和教育主管部门集中精力和资源用于教育主业务和师生教育应用。

建制化

无论是教育投资、教育考核，还是教育管理，基本的逻辑都是教育部门发布标准、制订考核细则、派驻专家组、考核、评分，被检查单位组织资料、提供证据、答辩、补充资料、整改。这个过程是一个标准的流程。无论管理和考核怎么变，都要依靠稳定的教育建制来运行，这个建制就是教育局、学校、处室、院系、学科、专业、师生。教育信息化管理首先应该完成的数字基础设施不是网站、云、服务器、软件，而是稳定的业务建制基座。

平台化

以实体业务的投资和实际管理情况为逻辑，建立起稳定可靠的平台化管理和服务架构，是提高专业性、服务效率、响应速度的重要趋势。例如，一所学校做课程平台，就不如一个区县或者联盟校一起做，但平台化切记不要被技术和厂商绑架。总体来说，从架构上看，拥有前端的应用平台、中间的服务和数据中台、开放的开发后台的公开公正的标准，是平台化的第一步，而投资主体和管理主题紧密地切合原有的业务，才是正道。

生态化

教育数字化转型，要特别注意保持原有的教育服务生态的稳定。由于技术发展太快，非常多的技术平台和资本注入，追逐利益使得他们希望赢者通吃。然而，正如森林中进化亿万年的生态一样，教育系统也有一个相对非常脆弱的技术服务生态。从这种服务生态的技术本身来看，由于优胜劣汰，被平台和垄断企业淘汰仅仅是商业问题，最重要的危机并不在此，而在于原有的技术服务背后更多的是管理和教学经验的承载，可平台和大型企业并不愿意做这些事情。近期，非常多的互联网巨无霸公司进入教育，以摧枯拉朽之优势（有些甚至不是招标而是与教育或者地方政府签订战略协议）代替了原先的技术公司，但是转眼间购买方发现原先要做的事情这些巨无霸公司一点也不能做，然而生态已经被破坏掉了，原先服务的生态被冲垮了。生态化就是要保留灵活多样，数字化转型后要充分考虑生态上下游和风险，尤其要考虑切换成本和对接服务成本，不要盲目地变革。

教育的数字化转型与森林和城市的转型一样，充分规划好"百年大计"，以和谐和可持续为目标，充分利用技术红利，充分关注到相关利益共同体的供应链风险，才能张弛有道，顺利推行。

02
从以教育为中心
到以健学为中心

当将体育纳入中考成绩被热烈讨论的时候,孩子们的家长不知不觉中开始使用各种穿戴设备主动地进行各种身体指标的测评。与口号上支持信息化、心底里嘀咕在线教育相反,成年人以更大的热情投入到的立体的健身过程中,却是以拥抱信息化作为前提——跑步机、腕带、运动手表、体脂秤、血压仪等各种各样的健康体育系统正在改变着中年国人。二者反差这么大,让我不由得深深思索。

2020年,全国体育冠军赛预赛破纪录的几位选手无缘决赛引起了巨大的争议。游泳运动员体测跑步是否合理,确实值得商榷,然而这种讨论一般忽略了一个更加深层次的问题:体育竞技的目标到底是什么?一般来讲,体育运动的目的可以是为国家争得荣誉,或者是强身健体,或者是对生命力的一种主动追求。今天参加运动的人已经很少关心自己的名次和功利的指标,各种穿戴设备记录的都是健身者个性化的数据。健身使用信息技术是自发的,健身数据的大爆发是市场驱动的结果。

教育与体育有些类似,从起源上来讲,中国的教育与体育分别承担着培养人才和保家卫国的使命。教育的使命自然与学习有着本质的不同,具有强制性、周期性、战略性、规划性,因此教育数据模式重统计、轻应用,重规划、轻反馈，重结构、轻个体。教育的成功是宏观的成功，是宏观与布局的成功，是统计与拔尖的成功。因此，说到教育数据，大家一般都会联想到学科评价、大学排名、论文统计、师生比例，即使说到学生画像，往往也泛指课程的点击量、使用率。这是由教育战略（拔尖人才、教育布局、劳动力）、教育统计（拨款、均衡、规划）的结构决定的。在这种结构下，学生的兴趣、教师的创新被仅仅箍在教育目标的战车上动弹不得，教育信息化和教育数据即使是真的，也很难是活的和具有生命力的。教育目标从筛选人才到使其自食其力，再到促成终身成长，只有学习者与健身者一样关注自身，不同信息化的孤岛、不同数据的藩篱，才能在市场化的推动下真正打通，实现具有生命力的贯通。不知道大家注意到没有，Keep 的跑步机、华为的体脂秤、小米的手环、欧姆龙的血压计、苹果的手表、QQ 的记步、微信的运动，没有规划、没有标准，各自的仪表盘，在几年之内迅速贯通。在这个贯通的数据的基础上，各种各样的微服务应用——App、小程序、客户端，迅速为各种各样的人群提供了个性化应用。

在做学校和区域信息化的时候，我有一个经验：只要是围绕应用的软件，不断使用和迭代，哪怕没有规划，哪怕不断在技术和标准上"翻烧饼"，投资看似浪费一些，最终效果总是好的；而脱离数据迭代和生命力的项目，哪怕是由有经验的专家领衔，最后都免不了成为面子工程。数据驱动，是一般性教育信息化几乎唯一的具有生命力的方式。而接口共享、技术标准、安全隐私、指标研究等方面的问题，在原生的个性化动因的推动下，总会迎刃而解。

我观察到以个体为中心的健身数据模式的构成，对研究健学模式有很大的帮助：目前健身数据市场的构成比较清晰，有测评数据（健康体检）、健康数据（基础身体状况）、运动数据、微服务应用（减肥、力量、竞技、健美）。相比起来，教育数据在测评数据的及时性和细化、学习数据的及时性与方便性、过程数据的展现和比较、学习微服务的指标展现等方面还处于原始阶段，掌握在校长和局长手中的层层上报的学生数据，是不可能及时地对活生生的学生起到激励作用的，无论这个校长或局长是否是模范的特级教师。

体育穿戴设备的成熟迅速催生了健康产业发展，教育与学习的变革也正巧碰到了技术的变革窗口——在线教育的成熟、视频技术的成熟、沟通技术的成熟、教育人工智能的热潮。教育技术从高高在上的规划和条件装备变成活灵活现的人人可取的便利条件，教师逐渐成为教练必将成为趋势。

健学模式并不是说规划、布局、投资不再重要，正如群众体育运动照样需要投入、规划、引导、选拔人才，这种基石的夯实，是可持续的。而健学模式的转变，最终可能会解决应试、学业负担、急功近利、超级学校等问题。从功利教育到全民教育，教育正行走在路上。

03

云端公共性、现代性和地端莎士比亚化

由于公共空间的出现，原有的空间仪式化，而新的"公共空间"承担起人们"现代性"的责任。鲍勇剑（加拿大莱桥大学迪隆商学院终身教授）在文章《后疫情时代，办公空间将"莎士比亚化"》中说："回溯公共空间的历史，它的意义远不止亲近美好或提供工作场地，它是塑造现代社会商业关系的原始力量之一。相对于教会和王室，'公共'体现的是现代市民社会的权力关系和集体文化心理情结。"

公元 1088 年，同样在意大利，佩波内（Pepone）、依内里奥（Irnerio）和格雷茨亚诺（Graziano）等语法学、修辞学和逻辑学的学者们聚集在博洛尼亚，共同评注古老的罗马法法典，逐渐有追随者也开始聚集在这个地方。1158 年，皇帝费德里克一世开始正式公布这是一个独立探讨和学习的场所，世界上最早的大学、欧洲大学之母——博洛尼亚大学成立了。美国加州伯克利环境艺术中心创始人亚历山大（Alexander）说："有人来上课，能者为师，师生聚集在一起，教育就自然发生了。"研究建筑学的学者很容易发现，公共空间是"人们通过想象塑造社会关系的原始力量，想象和相信构造了现代性"。然而，公共空间的意义不止是亲近美好和提供工作场所，每当人们新的想象和期待发生集体转移，原先的空间并不是直接消失，而是发生转变，按照鲍勇剑教授的说法，核心的实用性功能由新的空间承担，而原有的空间将进行转变。从旧的 3C 管理沟通、协调和控制（communication、coordination、control）转到新的 3C 管理巡回派演、艺术策展、集体庆典（casting、curating、celebration）上来，造成这种变化的根本原因是旧 3C 管理的功能将全部由网络完成。

博洛尼亚大学，世界大学之母

按照信息论的说法，信息就是负熵，世界的无序化是常态和趋势，信息是在更大范围"做功"的结果。而人们"相信"这件事，只要"相信"发生了转移，人群的动力就有了方向性，社会性也就随之产生。1599 年，莎士比亚建造了环球剧场，"听戏、看剧"从"信仰"中剥离；电影的发明使得"剧情"从"剧场"剥离；电视的发明又使得"体验"从"故事"中剥离；网络视频的火爆让"碎片"从"大块沉浸"中剥离。每一次剥离，旧的形态并没有消亡，但更加剧场化、策展化、庆典化，因为每一次功能性的转型，更加需要人们心理的原点。

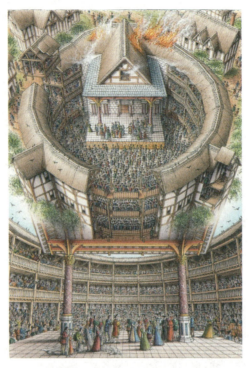

1599年,莎士比亚公司的环球剧场建造完成

与实体的校园一样,本地化的系统将扮演新的、更加莎士比亚化的角色——剧场化、策展化、庆典化。

巡回排演。教育者如同剧场导演一样不断派角色、编剧本、对台词、走台步,剧场化的实质是教育要贴近和模拟社会甚至超越社会为未来培养人才,那么学校的流程和排演必须更加灵活和严格精确,教育2B系统分工的精髓在于分配好角色,扮演好角色。每位教师和管理者都应该成为自己任务岗位的"戏精",理解每个教学项目都是一组事件、一场演出。

艺术策展。同样一批艺术作品,有的策展人可以摆放出超现实主义,有的能突出艺术商业化的策略。像艺术策展人一样,由于网络的实用性和水平效率大大高于地端,教育者可借助2B系统配合学校,针对学业和学生特点以及时代特征,使社会名人等以支持形式服务于学校。

集体庆典。答辩、毕业、开学、班级活动、校庆、讲座等的重要性谁也不能否认,甚至可以说它们是教育的核心功能。随着云端学习的转变,学校的庆典成为高标准的非功能性价值塑造,个性化的庆典代表着文化,2B 系统将承担起学生、教师、家长、赞助人、企业合作者、校友的庆典任务。

  由于相信,就会变化,由于相信,就会留下。学校既然存在,母校既然难忘,那么,学校的系统就会长存。然而,存在的系统如同存在的校园一样,不再是那个功能的校园,而是每个人心目中的校园。

04
带着系统上路，
教育数字化的运动哲学

我们经常听到做信息系统的人谈信息孤岛、总体规划、数据标准，也经常看到各种各样的信息系统管理机构由于以上问题用力过度，从赋能的角色变成信息系统甚至业务系统的阻碍力量。事实上，从信息系统生命周期的经验来看，只要熟悉业务、就事论事、针对问题，哪怕由于技术变革或者应用和数据"各自为政"，造成了孤岛和"翻烧饼"问题，总体来说，总是持续前进问题不大的。问题最大的反而在于技术、管理、流程没有明确和成熟稳定的时候不作为，甚至以信息系统的标准压制作为。

如果说信息系统的流畅运行如同社会秩序，那么这种秩序运行的背后是一套大家很少关注的"信息哲学"。几种哲学相互矛盾，就会给系统运行造成很大的问题。

明朝到了中期，吸取了千年来社会治理及其背后的哲学，然而制度的刚性及其背后哲学的切片过于割裂，社会运行出现了巨大的危机。在这个背景下，王阳明为病入膏肓的大明政治信息系统注入了生机。王阳明幼时学儒，少年时行侠与问道，青年时念佛，中年回归本心成为一代儒圣。我们如果以信息系统的要素来看，儒强调的是系统的等级与秩序，侠代表着技术与士人精神，道代表着阴阳调和与相反相成，佛又代表着系统冗余和自发秩序，那么王阳明的哲学在信息系统中最后回归本心就是回归系统及其架构本体，就是不能割舍的亲情记忆和身体发肤，发自于心，自带气场。

做信息系统，无论软件、硬件、应用、数据，最后都免不了与等级秩序、架构刚性、技术变革、人机系统、冗余与备份以及最终还原为一个组织运行的孪生系统的有机组合，以业务与人为核心，持续健康、正常、高效、低耗能的运转。

生命体是进化最充分的仪器，从人体出发，从运动中观察和悟到系统的哲学，不是单一的技术、管理、能量、基因等变量，更重要的是在运动中体现生命的系统性。我们可以人类在所有的动物中最擅长的长跑运动为例来说明这个问题：人类在几百万年中进化出了适应长跑的皮肤、汗腺、手脚、肌肉组织。当我们长跑的时候，动用身体整个系统带着胳膊、腿、膝盖、心肺、头脑、五官前行，这是结构；水分、蛋白、血液、肌肉本身是动态平衡，脂肪、糖分、ATP、激素、维生素是能量与催化系统，我们如果用机械的方法去指导长跑运动，就会片面地强调结构、身材、基因、跑姿以及不能心急、适可而止、努力奋斗、拼搏向上的心态。但是，这些对于一个长跑高手却是没有用的。对他来说，更重要的是从非常肥胖到矫健的训练过程，是带着系统上路的过程，并不需要对肥胖的身体做手术，也不需要分析哪块肉、哪个系统效率低，只需要从慢到快去训练，在专业的指导下最终总能回到系统的最佳状态，而这个最佳状态不是教练事先预料到的，而是系统本身自有的。这也就是一个运转低效甚至无效的信息系统，变成一个高效的信息系统的过程：不是要"做手术"变成标杆信息系统，而是通过运动与变革自动瘦身增肌，变成另外一个自己。

著名的信息系统专家薛华成几十年前上课讲系统的时候，经常用"Re"的英文词根来说明这个问题。这个词根有回顾、重组、重建、再合成、组合、革命等不同程度的含义，而带着系统上路，是更为系统和生态的系统运动哲学。下面，我们以长跑为例来分析教育信息系统的特点。

系统目标：总体来说，运动有三种目标，即以系统健康、持续繁殖和健康生命为目标，以竞技、猎食为目标，以争夺荣耀、配偶为目标。目标不同，系统的做法也不一样。

以系统健康为导向：最典型的就是健康跑，以低心率、长距离和快乐跑为目标。类似的还有自行车和游泳运动。这种目标与组织系统的持续经营、自我优化、卓越配合相一致。

以竞技为导向：无论短跑还是长跑，无论球类运动还是其他剧烈的运动，以竞技为导向经常伴随着受伤、无氧、失败，这种系统目标对应组织和系统的单项指标、短期突破，必然对短期和长期、情感与指标、人性与经济性有断舍离的痛苦选择。

以健身为导向：对应着动物争夺配偶权和王权的系统目标，在信息系统和组织中同样对应着健身指向的目标管理、强度训练、工具依赖。

初心动员：无论长跑还是短跑，无论踢球还是游泳，如果仅仅把锻炼身体当作目标，那么他对于系统的理解还是低层次的。事实上，无论是健康的长跑还是竞技的球赛，受伤的比例往往大于能够得到的健康回报，常年进行身体锻炼的人往往很少再提"为了健康"。对于一个跑者来说，初心就是永远能跑、生命在于运动、回归自然、风雨无阻、超越自我、寻求极限。每当遇到困难的时候，只有这个原始的初心能够激励继续前行，而耳畔那种世俗的"运动有副作用"的提醒之所以无效，也在于没有找到最重要的愿景。一个组织，围绕组织的信息系统，绝不是提高效率、减员增效那么简单和低层面，信息论本身就是信息要向着更加高熵的方向扩散，而生命体为了维持自身的存在又必然做功进行负熵平衡，信息系统的初心就在于此。

长期主义：对一个初跑者，一个好的教练往往会提醒他要"忽略距离，忽略速度，关注心率，关注时长，避免受伤，通过不断训练提高储备心率"。同样，信息系统本身也要做好与组织长期发展配套的准备，通过组织内部不断融合的耐力运动，把技术与效率融入有机体。

生产系统：离开了神经系统、循环系统、消化系统、呼吸系统以及运动系统，长跑是不可能实现的，这也是跑步的生产系统。我们经常看到很多信息系统失败的案例在于不触及核心的以上系统，只做了一些皮毛。例如，可有可无的 OA 系统、锦上添花的演示系统。一个信息系统如果不从生产系统开始，就像一个跑者更多关心鞋子和衣服的颜色一样，离开了秩序稳定、运动健身的主旨；优化与伺服的动作对接，系统将失去进步的正向反馈。

核心驱动：长跑中，髋关节是核心力量的源泉。每家企业、每个组织，生产系统有很多条，但关键的系统只有一条，围绕关键系统运动，就会高效、节能。

快速迭代：长跑训练有一个普遍的技术要领，那就是"高步频、小步快跑、振幅要小、左右平衡、不要受伤"。信息系统的失败率高达70%以上，主要的原因在于步幅过大、配套措施太少、威胁的潜在利益太多、涉及的相关部门太多、于是容易雷声大雨点少以失败告终。要想做好，就要学习长跑中的"高步频、小步快跑、振幅要小、左右平衡、不要受伤"的要领，快速迭代、见到效果、愉快前行、跑量支持。

极简示范：信息管理有很多名词，例如 BPR（业务流程重组）等，但是系统一下子适应复杂、过多、过大的变化是受不了的。中国的改革开放是从特区开始的，而长跑训练也是从极简示范的动作开始的。一个信息系统，培训太复杂、牵涉的人和部门太多、与原有业务变化太大，都是容易失败的原因，而在这一过程中进行极简示范——跑前热身、跑后拉伸、跑中鼓励和跑姿纠正，人很快就能适应。信息系统要依靠组织的这种自发力量，这种力量往往比起开发者更具有内在的动力和平衡性。

生态跃迁：长跑中要关注热身、燃脂、耐力、乳酸、极限等各种平台及其特点，不同的平台燃耗的能量、心跳、表象等指标都大相径庭。信息系统也是一样的，每一种使用平台都有一定的稳定态，从更加宏观上看，组织本质的平衡就是其信息系统信息和能量供应关系的稳定态。从一个稳定态到另外一个稳定态需要做大量的工作，而维持一个稳定态不"跑崩"，也需要内部要素的有机配合。信息化本身的作用就是从一个平衡态通过组织信息和能量的措施达到另一个稳定的平衡态。

攀藤生长：跑步到了一定程度会形成倦怠，这个时候跑者经常用跑团、间歇训练甚至登山来"攀藤式成长"。信息系统也是如此，"以新带旧、以外带内"是克服倦怠和不断制造热点的自适应措施。

数据检测：由于身体变化要通过相对比较长的时间才能看出来，而很多危险的信号由于神经系统的特点被忽视了，例如心脏的问题不易被发现，有经验的跑者就总结出来心率跑的指征。几十年前，一个省能够跑马拉松的人没有几个，而今天一个县级市的马拉松比赛就动辄几万人，这些都有赖于经验信号系统的总结和数据的检测，不仅减少了风险，还增加了训练的效果。经验积累、社区互助、风险预警不仅仅体现在身体信号中，还会在系统信号中有各种各样的表现。随着数据的丰富，提高效率也是可以预见的。跑步过程中重要的不是盯着别人的指标，而是关注自己的指标变化和训练措施的关联关系。教育信息系统与组织也是如此。

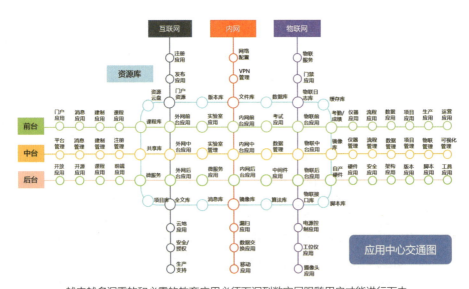

越来越多沉重的和必需的教育应用必须下沉到数字层跟随用户才能进行下去

有一位内分泌科的医生对我说，人体是一个精密的信息系统，关注身体变化、尊重专业、带着身心去前行，健康就会如约而至。我想，一个教育区域、一所学校、一门课程，如果把它们看作业务驱动和不断生长变化的人机系统，也是如此。

05 数字化与教育双因素

由于做智慧实验室项目，前一段与某一所百年名校的物理系实验老师一起工作奋斗，我感触良多。这些实验老师极其认真负责，每次实验过程、每份实验报告、每次组织实验，都几十年如一日地坚守，特别是为了陪同学生做实验，往往值班到深夜。与其他的一些学校将实验总是排在不合适的时间不同，这些老师不仅使用原来的电子表格将实验卡片、实验项目、实验分组、实验分批、实验轮转紧密设计好，还积累了十几个诺贝尔物理奖的实验项目，让学有余力的学生进行挑战性的实验。在实验管理上，这些老师也是不断强调实验过程要遵守学术规范，如果实验抄袭或者数据造假，就会受到比学科考试作弊更加严肃的处理。我所做的工作是把这些老师复杂的实验过程以及各种教务、资产、空间、仪器、物联、预约、排课进行信息化的关联。真正了解了这些老师的工作后，我发现了教育中原来看不见的另一面。

后来熟悉了，发现这些老师多数是家住附近，很多是祖孙三代在学校任教：祖父母是名教授，父母是任课教授，自己是实验编制的任教老师，职称并不高，学问也并不大，进行基础教学活动，也没有什么创新成就，但是对学校的感情非常深，按部就班地进行着一年又一年的实验教学和管理。百年名校，学生走了一波又一波，相比起其他学校简单的物理实验，他们的实验算是复杂的，但是多年下来，也是重复劳动。然而，就是这样的一个体制，也面临着一代人退休后后继无人的窘境。我所做的工作就包含把他们兢兢业业的结构化重复劳动变成年轻实验老师可以复制拷贝和不变形的一套程序,这套程序决定了这所学校教学质量的核心,也使这所学校看不见的内在质量区别于一般学校。

与上述实验老师类似的学校运行机制,其实还包括一系列辅助的教学系统:教学秘书、科研秘书、系工作秘书、学工系统、工训中心、电子中心等,每个学校将近30%的编制是给了这些岗位,一所学校的校长、院长、知名教授经常走马灯似的轮换,但是这些"秘书岗位"的稳定和流转,决定了一所学校的管理水平。往往我们评论一所大学的声誉、教学质量、文化、服务都喜欢用大师、大树、精神来衡量,但其实流水的大师,不变的文化,主要是"看不见的系统"在起作用。

谈到信息化,我们往往会想当然地提到信息化的激励作用,如以新带旧、以外带内、以改促变、IT思维、信息流动,创新思维。然而,很多时候,激励作用是短期的、表面的、立竿见影的,甚至危险的,而管理学中与激励作用相对应的保健作用,却是保守的、长期的、结构化的、内在的、枯燥的、有深度逻辑的。

真正的教育者所做的事情总有一半是别人看不到的。换句话说,一所伟大的学校,做的事情当中必须有一半是别人看不到的。如果一所学校做的事情都是别人看得到的,就不是也不可能成为有价值的长期主义教育。

相比起来,我们能看到中国教育身上有两个影子:苏联体系的结构与美式教育的创新。苏联的结构化体系,往往是看不见的、低效的、分隔的、等级化的和无聊的,例如教务、实验、排课、后勤、计划、预算、师资、条件装备、教育统计、评估考核等。改革开放后,我们又学习了很多美式教育的精英式创新,它往往是显性的、高效的、融会贯通的、扁平的和鲜活的,例如论文、大赛、活动、排名、指标、可视化、校企合作、产学研、创新中心、多媒体课堂、互动教室等。教育信息化,一般我们想当然地认为是激励教育,是美式创新教育,这其实是一个误区。

中国经济能有今天的奇迹,如果硬要在教育界找经验的话,其实是结构化的内在教育体系和创新的服务社会体系结合才不断走到今天。中国的经验区别于欧美和其他国家的经验,这个经验从本质上是保留了结构化的苏联教育的内在逻辑,这种逻辑保证了看不见的教育的均值水平在一个国家、一个省相对进步和可控;我们又学习了以美国为主的创新和服务社会的显性体系,这种体系更多地体现在高端教育、科研、创新服务等方面。

教育数字化过去更多地在服务于看得见的领域,效果确实很差。不仅我们这样认为,美国教育工作者和企业家也认为相比起整个社会它的效果是差的。

教育数字化服务的另外一个领域是看不见的信息化。由于拨款、话语人过去更多地在创新领域和显性领域,因此我们具有的从上到下的一体化的教育投资、拨款、学科、考核、资产、仪器、师资、中高考等完整的结构化体系,在信息化方面完全是封闭的、非结构化的和零散的。

我曾经系统考察了美国的基础教育和高等教育,发现美国的创新教育体系造就了前100位的精英教育,同时又造成了100位以后教育的失控,这也是其经济和人力资源发展的教育结症。这是美国的问题,也是我们教育信息化的机会。

教育数字化,在结构化和保健方面,比创新可以起的作用更多。

06
服务于关键少数的数字化学习

数字化转型非常热,那么,什么是信息化?什么是智能化?什么是数字化呢?

举个例子,计算机由图灵(Turing)和冯·诺依曼开创。冯·诺依曼提出了冯·诺依曼架构,通俗地讲,就是一只蜘蛛处于蛛网的中心,蛛网的四周布满了蜘蛛信息网络,蜘蛛用特别灵敏的脚感受信息的变化并做出反应,这个符合了计算机基本的构成。眼睛与蛛网为输入设备,蜘蛛脚为输出设备,蜘蛛大脑为控制器、运算器与存储器,这就是信息化。如果把人的行为反馈和蜘蛛进行类比,就会发现要复杂很多。皮茨和麦卡洛克开创了 M-P 模型,也就是人工智能的前身。经过 70 多年的研究发现,生物体并不完全由大脑中心节点来处理信息,而是要经过诸如分层处理、池化、反向转播等过程,也就是所说的人工智能,即智能化。

生命体有比智能化更高级的现象,如果打个比方的话就是基因现象。再小的一个体细胞,都能包含人体几乎全部的基因信息,生殖细胞还能够复制人体,科学家发现其内在的机制是一套基因加一套模板来完成自我复制的流程。如果说信息化只能解决组织扁平化的问题,那么数字化就像《三体》里半人马座的"水滴"一样,无处不在的信息自我复制和成长的能力,既保存了信息,又保证了生命的能力，只要环境允许，就能迅速成长。

"元宇宙"一词，来自"元数据"的"元"，如果做一个形象的比喻，就是"干细胞"。研究一个生命体，可以从体细胞、生命细胞或最基础的干细胞开始，因为最原始、最基础和可分化，而按照一定规律演化的初始数据字段和平台，就可以称为数据基座。过去研究教育，更多的是从经验出发，我们如果提供一个数据平台和数据基座，就需要提供"数据字段全量集"和依托于这个全量集的"教育经验全量变量集"。一旦我们拥有了这个集合，就可以说我们拥有了教育的数据基座，或者说教育元宇宙。

那么，元宇宙由谁来提出和制定标准呢？这个有很大的争议，但是有一点是明确的，即一定不是由商业的二八定律中的那个20%制定的，因为在元的世界中，多数就是少数，少数就是多数，长尾才是最有价值的。这也是为什么很多精英教育、精英学校的校长和老师都成不了著名的教育家，而儿童教育、残疾人教育工作者最容易成为教育家。因为他们在研究"元教育"，他们研究的对象是教育的关键少数和全量数据字段。另外，相对于基础教育的普遍性和一致性，大学教育中的专业教育更像关键少数，一是数量少、样本多，二是一所大学的成功往往得益于一个或者几个非常小众的关键少数专业和学科。

这就让我想到了这些年教育受到颇大的争议，多数原因都在于各方说的不是一件事情。国家和政府的政策说的是刚性教育、基础教育、国家需求和未来规划，而老百姓关心的是个性学习、个性发展、适用性。还是回到开始的比方，刚性的是平台，个性的是数字化，必须在平台的基座上去做数字化、个性化的事情。

这就牵涉一个根本性的"元问题"：教育是什么？学习是什么？自从世界上第一个义务教育制度建立起来开始，教育就成了国家长远规划的基座和平台，具有强制性。顺便说一句，创造了这个平台的普鲁士国王最早不是为了科技和工业，反而是为了打仗。而学习是什么呢？学习是个体需求，是个人发展和个体资助人（比如家长）对未来和个体的预期和准备。打个比方，职业教育是国家的安排，因为各行各业有劳动力需求，在刚性的平台的支撑和要求下，加上平台数字化，就可以支撑关键少数的数字化学习。从生物医药产业、IT产业到汽车产业，全世界的政府都没能预料到这种未来产业。这种未来产业不是靠刚性规划能够推动的，而是靠关键少数解决的，也就是数字化要支撑个性化的发展，支撑大家都不知道的在未来突起的关键少数，这只能靠生态和个性环境来解决。

一旦教育真正的刚性的平台和基座做好了，那么学习这件事情一定是数字化的，是回到社区、回归家庭、回复个性的数字化支撑的个性体系，是以家庭、社区、朋友圈等为单位的学习原生组织、自组织。

07
在线上课，数字织网

2020 年 6 月，麻省理工学院的教授贾斯汀·莱奇（Justin Reich）和几位同事刚刚完成了一项有史以来规模最大的研究，探索在线高等教育的教学技术，涉及地球上几乎全部国家近 25 万名学生。他们曾希望利用这项大规模的研究，为教授们提供一种提高在线课程完成率的简便方法。据统计表明，在最初两周的实验中实施一些小的行为干预措施，比如让学生在课前调查中描述他们计划何时以及如何将必修课程融入生活，将显著提高大型网络课程的完成率。这两周的研究让研究人员感到兴奋——"计划制订干预"（plan-making intervention）提高了 29% 的完成率。然而，结果并不是这样的，研究人员在实验中测试的其他干预措施，也未能提供在小规模试验中发现的结果。随后的跟踪发现，无论用什么单一简单的"套路"，大量在线教学研究都以令人惊讶和"泄气"的结果告终。在某平台上运行 250 门课程的大规模、长达数年的研究中，计划前干预对总体完成率没有显著影响。干预确实与一两周的课程活动增加有关，但随着课程的延长，效果逐渐消失。

1927 年，梅奥（Mayo）被邀请到美国西部电器公司的霍桑工厂研究一项非常匪夷所思的实验。由于这个工厂的工人对工作条件不满，前期研究人员认为工作条件和环境影响了工人的积极性，结果却表明：无论增加工厂照明亮度还是减少亮度，工人积极性都会迅速增加，然而后面马上会降下来。梅奥经过研究发现工人并不是因为增加或者减少照明而影响了工作积极性，而是因为受到重视而发生改变。随着重视的阈值衰减，效果也完全消失。这就是心理学和行为学上著名的"霍桑实验"。

用霍桑实验的四条结论来解释网课老师的"刺激"行动，会得出四点发现。

> 学生是"社会人"，即使上网课，学生依旧需要的是社会交往和情感互动，"受到重视"才是提升其学习积极性的关键。

> 网课中需要学生和师生组成"非正式组织"。如果以单纯的人机交互来刺激学习，历来的单项学习也许能够见效，但杜威所说的"学校即社会"就难以实现。正是由于社会上存在非正式组织，人类学习也必须在非正式组织环境下才能"回到初心"，也就是树立长期和根本性的学习目标。

> 无论教师使用什么手段，工具化的目标总是与学习效果背道而驰。随着工具与人之间的互相理解和细化，人总是有能力分辨工具与人性，好老师的创新的课堂掌控能力在于提高学生的满足度。

> 实际上，"教学方法"本身和"控制手段"这种策略根本上不是减少老师的工作量，而是减少老师的"重复劳动"，通过老师创造的满足感，使得学生感受到了重视。

在最近一些年的PISA考核中，上海的教育一直名列前茅。其实，无论是在中国的高考中，还是国际学校升学考试中，上海都不是最强的。在PISA考核中，上海能够得到英国的重视和学习，一个很重要的原因在于上海，准确地说，是中国基础教育有一套教研制度是一般西方学校没有的。教研制度和教研班子的一个好处在于，不断根据学生的反馈，在一届学生、一个学期、一个知识点的个性化方面，通过教研的改变，激发了教师的主动性和学生被重视的感知。

无论是用统一的录播课程，还是用"金课"的精品课程，抑或是用一些自称得到"人工智能"的调整、受到大数据个性化支持的课程，如果这些课程使学生感到被工具化和忽视，学习就会迅速变得枯燥。

学生的枯燥在于教师的无聊。教研本身就是一个通过分享而结成非正式组织和激励自我的过程，随着工具使用的进步，大量考核、撰写、迎评造成的工具化的倾向也让老师乏味，教育管理者需要迅速适应工具、利用工具，减少重复劳动，从而提高教师的满意度。

回到开头的实验，贾斯汀·莱奇在研究论文结尾说："我们曾希望利用这项大规模的研究，为教授们提供一种提高在线课程完成率的简便方法。相反，我们的结论是，需要更多的研究来了解这些干预措施在什么样的背景下起作用。"我个人认为，这个研究小组还是太乐观了。从电化教育、多媒体教育、网络教育、在线教育到大数据教育，已经走过了40多年，原先预言的变革一直没有出现，反而好教师越来越重要，好教研团队越来越重要，无聊的技巧和照本宣科的教师越来越没有市场了。工具化大大提高了人的效率的同时，也大大提高了人类感受被重视的能力。

原先在基础教育中指望学生使用的录播、网课、题库、数据分析，可能压根用错了地方，真正应该用的地方是教师教研、课程评估等。随着网课平台越来越方便，更加需要的是记录教师的思路、逻辑、过程，并且建立教研组织对这些内容进行非正式的探讨和正式的评估，目的不是"管控"教师，而是让教师"感到被重视"。只有通过成年人容易使用和可控的教研平台的支持，使教师感到满意，学生才可能感到满意和被重视。

08
学校的数字化转型的基础结构
——技术系统、资源系统、战略系统

学校的数字化转型,从角色体验的角度来讲,就是大量重复、复杂、烦琐的学习活动与管理活动在技术系统的支持下获得更加高效、高体验、高目标的过程性体验和达成性效果的提升。将数字化技术深度融合于学校教育的学习活动、管理活动、服务活动中,使得校长集中于教育家的战略价值目标,教师集中于道、业、惑三元结构的价值链,学生集中于成长目标的价值诉求,学校由技术系统、资源系统、评估决策管理系统三个层面来支撑教育的数字化转型。

技术系统

技术平台化

作为完整的教育实体的学校,老学校一般已经有丰富的教育技术手段和信息智能应用服务,新学校今后也会面临不断地更新迭代和升级,这就需要建立起冗余、稳定、开放的技术基础架构和数据基座。学校技术平台化需要考虑的是针对不同角色的应用提供快速接入和友好的体验。它总体分为以下几方面:

> 围绕师生教学的用户前台平台化。

- 围绕教育职能管理与服务支持的管理中台平台化。
- 围绕外包和定制厂商的开发（开源、开放）协同技术后台平台化。
- 通过平台化的技术标准接口的集约应用，将各种教育管理、学习支持、管理与服务系统的应用系统整合成为应用货架或者方便调用的微服务。
- 将结构化的数据库资源、非结构化的音视频资源及物联资源、文件资源与应用完全分离，实现资源与计算的接口化调用。

教育服务从过去的购买产品、购买系统转变成为购买教育生产服务，以数字化形式集成电路模式提供无痕、无扰、透明的用户体验。

计算的池化

无论是云端的，还是地端的，无论是物联网的，还是互联网的以及局域网安全要求的，技术平台化的要求是对用户透明化。对于技术的要求来说，是把环境问题抽象成为计算问题，把对环境的要求抽象为对计算资源的池化要求。池化要求资源池共享，在信息隐私和主权得到充分保证的基础上，集约、弹性、便利、共享，建立一个无代码的技术基座。

- 互联网应用的社交化：师生在学校有学号，在家有社交网络登录账号，使用场景的隐私、安全、认证、体验都与 2B 应用有很大的不同，这就要求教育的互联网应用不仅仅在体验上要向社交网络看齐，在安全隐私和数据传输等方面还需有更加灵活和严肃的架构设计。
- 物联网应用的数字孪生化：基于教育技术和物联网以及实验科研系统的应用，统一在物联网应用的技术环境中构建，完成管理的数字孪生支持而不仅仅是展示。
- 内网应用安全化：根据学校不同的院系、专业、学科、班级、地理位置和管理安全要求，可以分隔成若干个不同的安全域，但是平台化应用需要灰度发布和安全隐私审计的平台化转变。

> 实体与虚拟计算资源的封装化：无论是软件、应用、微服务，还是虚拟仿真和资源，都以封装化的形态待命，并与排课、预约、资源调度系统无缝衔接。

资源系统

资源数码化

过去流行过的一个计算机词汇叫普适计算，而数字化转型要求无论是学校的 IT 资源还是所有的物理、虚拟的资源都完成数码化。对于数字化系统来讲，学校的一草一木、文化环境、校舍条件装备、社交网络、文化环境，只要能够称为资源的和被组织调用而不是校长私下掌握的资源，均要实现数码化。数字化转型意味着组织层面不再有脱离开数字化系统的学校的第二个系统，也对资源的全部数码化提出了要求，数码化外包服务会代替原先的信息化外包或者内部编制成为新的与教育深度融合的一个特征。

调度软件化

潜藏在组织内部的管理潜规则通过灵活的软件调用完成全过程跟踪、记录、支持，这意味着更加支持教育的领导者、管理者和服务者个体的灵感在规则内的个性化呈现，在机器学习和人工智能发展的前提下，上述目标会并行发展。学校组织层面的后勤调度、管理调度、教辅调度、教育管理调度、服务支持调度，通过软件化的外包和系统平台化的支持，会大幅度降低工作量，这使得学校可以集中精力和资源专注教学主业务和师生的教育应用。

战略系统

管理建制化

学校系统是世界上最成熟的组织系统之一，而教育者的决策又是高度依赖人的灵感的活动，将管理活动与决策活动分开，是数字化重要的要求。成熟的管理活动包含：从计划到培养、课程与实验项目库、资源调度、课程管理、教学活动、授课评价的完整教学业务的价值链；相关部门发布标准、制定考核细则、派驻专家组，被检查单位要组织资料、提供证据、答辩、补充资料、评分和整改的教学管理与评估的价值链。建立围绕教育价值的业务元宇宙，梳理教育的输入、计算、输出的标准的建制文件，形成数据驱动柔性报表体系，搭建以用户为中心的无码流程引擎体系，是管理建制化的基础。

决策生态化

面对变化的环境，跟随决策者创新的灵感、适应教育目标柔性的多维数据透视、支持各种算法接口的匹配、构建人机互动的决策研讨环境，需要进行决策生态化的转型。对于管理来说，教育系统是稳定的；对于决策来说，支持不确定决策是数字化转型的最高目标。不确定决策最大的考验是针对外部、非结构、突发、战略性决策的支持，这就需要数字化构建生态、冗余、便捷、开放、互动和可视的平台。

这些年教育技术应用经过了现代化、信息化、智能化，最终走向数字化。与此同时，信息技术与教育深度融合，从单纯的教育技术走向教育应用、智慧校园，最终技术消失于无形，实现数字教育与数字学习，这就是教育的数字化转型过程，完成的分别是理念转型、逻辑转型、效率转型以及战略与组织转型。数字化转型重在教育服务与学习，重在组织柔性、韧性和平台化支持个体（包含学习者、教师与管理者）与个性化的学习目标和学习体验的达成，重在平台的韧性应用、资源的柔性应用、战略的人性体验。

09 数字化的实验教学模式

新冠疫情期间，一般的学校均采用了云端直播或者"录播+课程平台"的复课模式，对于实验课程和实践课程采用停课等待复课以后补课的模式。这种模式对于有些理实一体的课程以及理论实践交叉理解的课程非常不利，更重要的是这种对多年形成的教育经验和认知的解构并不利于全面人才的培养。

通过对数十个"双一流"学科和大学实验中心充分利用各种"智能化实验教学平台"，实现科研与教学一体化的专业实验教学的观察，笔者总结了云端实验模式，认为其适合部分财经、医学、电子、IT学科，而对于有些学科可以作为借鉴，有待信息化更加发展后逐步跟近。

实验教学认知模式与方法

讲习与授课。理实一体的课程也好，纯粹实践课程也好，理论讲解、注意事项、实验步骤等必须以讲习与授课方式穿插在实验过程中，这一点与理论课看似没有什么不同，实际还是有区别的，最大的区别在于考试与反馈机制。同时，实验课程的反馈与考试需要形成"刺激反应"模式，纯粹的课程反馈模式为"刺激—思考—反应"模式，因此实验课程需要的配套教学平台应该具备及时测验、及时考试、视频考试等更加随堂的模式，而在云端教育中可以比实验室更加注重这方面的考核。

实验示范。微课最初的起源和最重要的作用来源于实验教学。实验教学的微课模式不仅不会有理论教学的碎片化负面作用,反而会促使实验示范与动手交替短周期实践形成头脑和肌肉记忆力的强连接。

实验准入考试与评价。出于对实验的连续性和安全的考虑,很多实验需要具备实验准入的环节。

动作分解训练。即使没有现实实验室特殊工具的支持,动作分解训练也基本上能够照常进行,多次重复的动作分解有利于学生形成条件反射的实验动作,在实际的实验室中教师也未必允许学生直接使用真实的实验工具,因此云端实验这个环节照样能够进行。

虚拟教学。人的眼睛将二维叠加成三维的图像进行接收后形成认知印象,理论教学从文字还原成头脑中的实际场景会有很大缺失。无论是视频图像,还是动画分解,都能将不可见的、危险的、费用高的实验变成流程化和可视的片段,再通过高度还原真实实验的虚拟教学系统反馈,达到学生的验证型认知循环。

仿真教学。仿真教学比虚拟教学更深入一步,学生眼睛看不到的多维的信息与看得到的角度同时进行,学生通过多次重复和多角度观察与真实实验一致的过程,完成综合性而不仅仅是验证的认知循环。

模拟实验。比仿真更深入一步的是对实验后果变量进行全逻辑的还原,甚至对未知的情况也能通过数字与数据的组合得到结论。模拟实验来源于科学研究方法,可以部分用在创新型实验中。

远程实验。将现实场景的真实仪器设备、计算条件、软件、硬件通过网络远程接入,通过真实的实验反馈,在保证安全的情况下,已经具有与现场实验基本一致的实验条件。并不是所有的实验都支持远程,然而很多科研实验、数字化实验,今后有可能成为主流。

沉浸教学。将远程实验与各种数字孪生的技术,如虚拟、仿真、模拟、监控结合起来,超越远程,是一种高度混合现实的实验模式。

协作分组。这是在一个综合性实验中以不同角色完成最终任务的学习方式，如果有网络和云端等软件工具支持（如利用实验室管理系统和实践教学平台），效果会更好，记录也更加完备。

角色竞合。多个小组同一角色的竞争性学习与合作，是现实学习中有经验的实验课教师经常使用的方法。然而，授课时间有限，该方法只能偶尔使用，而在云端实验可以得到极大的发挥。

实验设计。通过学生和教师对实验设计报告的撰写，考核学生掌握知识和灵活应用的情况，无论是线上还是云端都是一个必需的选项，而云端可以更加方便地通过及时通信工具给学生反馈。

在线批阅。小学生作业模式与实验课模式在教师批阅上非常相似，都需要实验教师对实验结果、动作、图片等进行红线标注和纠正，需要云端平台提供合适的工具。

利用云端实验教学平台实现实验复课的三种主要模式

新冠疫情期间，为支持各高校延迟到校与"停课不停学"的要求，我将已有的云端实验教学平台升级为"鲁班楼云服务平台"，在支持理论教学的同时，主要为高校提供三种实验教学模式，实现实验课复课。完成实验课复课需要在功能上有实验室智能管理、实验教学服务、虚拟桌面云管理三个平台。

- 实验室智能管理平台：提供实验排课虚拟桌面、服务镜像联动启动与在线预约服务。
- 实验教学服务平台：提供实验教学课件发布、作业布置、上传、虚拟桌面与应用实验远程访问服务。
- 虚拟桌面云服务平台：提供虚拟桌面与应用后台管理、访问控制、启动与关闭策略联动服务。

远程桌面方式

准备。为学校已有的机房、基于个人计算机（PC）的实验设备配置远程桌面访问模式，统一进行 AD 账号管理，实现 AD 账号动态账号接口。

排课。实验排课服务联动，将接口连入实验课，实现远程桌面访问联动，到时间中断访问重置账号。

上课。学生可以访问平台获取动态口令，通过学校 VPN 连接机房与计算机开展远程实验。教师可访问教师机桌面与学生进行互动，实现近似机房授课的效果。

虚拟桌面方式

准备。将学校已有的虚拟桌面统一进行 AD 账号管理，配置虚拟机启动、关闭等接口（目前支持 Powershell 接口），启动需要访问的虚拟桌面。

排课。实践教学平台实现实验排课、预约服务联动，将接口连入实验课，设置可预约时段，实现虚拟桌面上课启动访问、预约访问以及启动与关闭的联动。

上课。学生可通过课程平台获取访问入口，通过学校 VPN 直接访问虚拟桌面开展远程实验。教师可通过 Welink、CCTalk、钉钉、小鹅通等方式分享桌面，与学生进行互动。

虚拟仿真方式

全国各高校陆续建立了自己的虚拟仿真项目，教师也积累了虚拟仿真课件，继而可以通过"鲁班楼云服务平台"完成实验课的分组、分批、排课，然后将虚拟仿真项目作为实验项目进行预约、开放、共享，以便记录学生行为和进行过程评价。

准备。配置远程实验模块，将需要访问的虚拟仿真链接加入到配置项中。

上课。学生可通过访问课程平台获取访问入口，直接访问各类虚拟仿真资源，如虚拟仿真课件、视频资源、慕课资源、SPOC 资源等。教师可通过 Welink、CCTalk、钉钉、小鹅通等方式分享桌面，与学生进行互动。

上海财经大学金融实验课程云端实验复课案例

新冠疫情期间，上海财经大学实验中心的一门远程课程，完成了虚拟机和远程实验的翻转课堂教改，比现实环境中的学习效果更好，总结如下。

上课前

实验排课。通过实验室智能管理平台的排课，将课程所需的镜像排进课表，学生可以通过课表看到课程相关的镜像资源。

作业布置。通过教学平台布置实验作业，将所需的镜像关联到实验项目与远程实验，学生可以提交实验报告，查看远程实验资源。

上课中

教学互动。教师通过实验系统内含的视频会议系统，通过屏幕分享的方式和学生进行互动。

在线实验。学生通过课表直接查看并启动可用的虚拟桌面与应用，在课程中进行上机实验，同时可以使用共享云存储空间。

上课后

课后学生可以通过实验教学平台或实验室智能管理平台的入口，通过镜像预约来完成作业。另外，学生可以通过客户端和HTML5方式登录操作，时间不够可在线延时。

上海财经大学实验中心通过前期刚刚验收投入使用的智能化实验教学平台，完成了课前实验准备、课中实验教学互动、课后实验作业的完整闭环，这样硬核的能力是值得总结和思考的。

除了上海财经大学这样的纯虚拟化和资源调度的案例，依靠本文开始提出的十多种方式的综合应用，实现了高性能运算、知识产权特种软件、国家虚拟仿真平台与实验室平台打通，为参加国际和国内创新大赛的师生提供了云端的更加丰富的体验。例如，南京邮电大学、哈尔滨工业大学深圳校区部分或者全部实验中心成建制地实现实验课与理论课同步复课，其中哈尔滨工业大学深圳校区完成远程和模拟实验，南京邮电大学完成远程大赛的实验，均是工科实验，是在比较完备的信息化基础上才可以实现的。而上海财经大学实验中心通过云端完成经管金融类实验，给类似学校提供了良好的参照样本。

⇵ 10
教育数字化转型的步骤与支撑

教育数字化的数据治理围绕教育管理、教育服务、学习数据的平台支撑，构建教育活动数据全栈思维方式。以教育信息数字化过程、教育信息数据化过程、教育数据中台信息化过程、数据通讯及 ETL 实践实现大数据应用以及教育的数据治理及安全治理，最终通过成熟度模型的迭代改进，实现教育价值数据应用。

数字教研管理围绕教育研究工作开展，以教研项目的目标及任务为驱动，构建教研价值链。按照教研规律，以平台为支撑，通过对智慧空间开放、实验数据、对接引用查询、成果输出统一汇聚，构建循环迭代的流水线，驱动科研项目的运行过程，并对教研管理的成本输出进行整体管控并实现消息实时传递，不断改进教研成果。

数字科研计算通过科学领域中的检索和应用，包括对已有知识的整理、统计以及对数据的搜集、编辑和分析，支持数据计算、知识连接、科研协同研究工作。

第一步：组织数字化转型顾问与咨询

作为一家具有一定盘量的工业企业或者科研机构，数字化转型一般是建立在一定的组织背景和信息化基础上的，数字化往往和创新驱动并行赋能。无论由于某种机遇或者重大变化切换到新系统，还是总体部署分步实施，在组织上都要经过战略、管理、业务等严密设计，在技术上都要兼顾考虑数码化、软件化、池化、平台化、生态化，以便有序按照既定目标策略推进数字化转型。无论是专项付费，还是与技术和项目合并处理，组织数字化转型顾问与咨询都是不能避免的。通过这个过程充分厘清战略层、管理层、技术层的战略与战术，参照标杆案例和经验教训，达成组织内和甲乙双方共识的预期，为后续的实施做基本的准备。

第一步的关键输出是基于最专业的领域专家的知识和咨询达成共识的过程，形成明确的数字化使命、愿景、规划、步骤和要求（一般500字）的数字化转型描述——作战订单。

价值链分析模型

价值链分析模型，针对组织的价值链分别按照战略、管理与执行三个层次进行。

战略层：根据组织及相关产业的数字化进程，从数字化标杆与愿景出发，明确组织价值链环节的进化方向及策略，建立组织的战略数字化交通图。

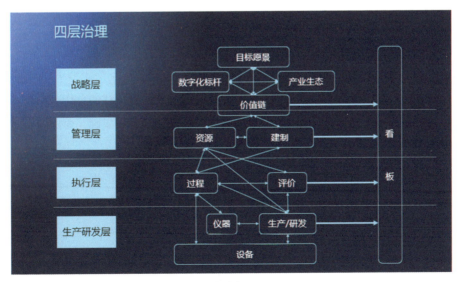

分层治理

管理层：从产品、组织、流程、技术四个维度对组织架构、人力资源、技术开发、采购管理等基础性支撑活动进行分析，梳理相关的治理关系与支撑性数字资源，构建组织的治理建制与资源图谱。

执行层：从业务、团队、治理、平台、安全、运营六个层面，对价值链的具体业务活动进行深入的解析，根据不同的颗粒度进行资源、活动、评价的分解，构建组织价值链活动的数字模型与系统原型，建立执行层的业务看板。

模型支撑工具体系

业务层面：战略管理，借助云原生能力加速业务，提高价值产出；服务目录管理，优先交付高价值的云产品和计划；创新管理，借助云服务拓展及改进现有的流程、产品及经验；产品管理，将数据和支持云相关服务作为产品进行管理；战略合作，通过与云原生提供商的战略合作实现业务增长；数据变现，利用数据分析来获得可衡量的商业价值；业务洞察，获得实时洞察力，响应业务挑战；数字科学，利用数据分析和机器学习解决复杂的业务挑战。

团队层面：文化变革，评估并逐步迭代，完善组织文化变革；领导思维转型，强化领导力，动员领导层推动变革；强化云服务认知，培养数字敏锐度，自信而有效地利用云原生技术；劳动力转型，通过启动优势和现代化职位来发挥云服务优势并吸引优秀人才；变革加速，通过新的工作方式加速变革转型；组织架构优化，评估和逐步演进组织架构优化，从而适应云原生的工作方式；组织间协作，通过组织结构、商业运营、人才与文化建立持续的合作关系。

治理层面：项目及计划管理，通过促进灵活协调的行为原则，实现独立项目交付；收益管理，确保您在云服务中的投入带来可持续业务收益，并得到认可；风险管理，借助云服务降低风险；云财务管理，云用量的规划、衡量及优化；应用服务目录管理，管理和优化应用服务目录以支持业务战略；数据治理，根据利益相关者的期望，实现有效的数据权限管控；数据产品管理，组织管理数据服务产品清单。

平台层面：平台架构，为云原生环境提供指导方针、原则，标准；数据架构，设计定制化数据和分析架构；平台工程化，在合规云原生平台上构架安全、可打包复用的数字化产品；数据工程化，跨组织的数据流自动化和集成，配置和编排创建、管理和提供经批准的云产品给终端用户；现代化应用开发，构建架构优良的云原生应用；CI/CD，对应用程序、服务的快速开发及改进。

安全层面：安全治理，建立角色，负责安全职责，明确程序开发的政策及流程；安全保障，安全和隐私监控、评估、管理和改进；身份及权限管理，全面的身份和权限管理；威胁检测，识别潜在的安全错误威胁和意外行为；漏洞管理，持续识别、分类、纠正安全漏洞；架构保护，验证服务和系统是否受到保护；数据保护，组织中数据访问和数据使用的可视化及控制；应用安全，检测和识别软件开发中的漏洞；事件响应，通过安全事件响应，减轻潜在损害。

运营层面：运营可视化，从数据中获得可操作的行为指导；事态管理，检测事件，评估其潜在影响，并确定适当的控制行动；事件与问题管理，快速恢复服务和最小化业务影响；变更与发布管理，引入和更改对生产环境影响较小的系统；性能与容量，根据需求监控系统性能和预测相应容量；配置管理，记录系统操作和配置更改；补丁管理，规范软件补丁的分发和更新；可用性与业务连续性，确保关键业务的信息、应用程序和服务的连续性；应用管理，调查和修复应用程序故障。

模型支撑方法体系

第一阶段，愿景获取。

行动1：高层交流，组织相关行业价值链获取，组织资料获取。

行动2：获取补充资料，分析组织资料，编制访谈计划。

行动3：编制发放访谈提纲。

行动4：执行客户访谈。

行动5：确认工作坊参与人员人数、部门范围、执行时间、主题范围。

第二阶段，路线明确。

行动1：探讨组织价值链的优化创新方法（价值链分析方法）。

行动2：明确价值链提升目标（战略地铁图）。

行动3：识别业务技术的优化和创新点（平台、治理建制与资源图谱）。

行动4：探讨人才提升和持有的策略（团队与运营、组织协作与提升策略）。

行动5：探讨安全基线及政策合规需求（安全策略）。

行动6：阐述现有组织如何有效支持云服务（数字运营策略）。

行动7：主要技术方向和优先级（平台持续集成策略）。

行动8：定义下一阶段的范围和工作方式（行动策略）。

第三阶段，体系构建。

行动1：设计应用云方案。

行动2：当前应用架构分析，设计应用方案。

行动3：收集基础架构、应用、技术框架等数据，形成蓝图规划方案。

行动4：收集IT职责流程技能等数据，落地方案。

行动5：设计平台优化路线，形成平台能力提升方案。

行动6：收集主数据、数据应用、数据平台框架等数据资产，形成数据提升规划方案。

行动7：搭建云端系统原型。

行动8：搭建云端运营看板原型。

第二步：教育数字基座建设与数字转型

充分考虑到目标教育机构的环境、战略、国际化程度、集团分散程度、技术基础设施情况以及已有的系统构成，采用国际化程度和案例最全面的亚马逊云科技（AWS）数字生态模型和数字转型模型，充分考虑到历史IT基础设施架构、开源使用情况、知识产权和安全要求，搭建柔性、冗余、开放的数字基座和数字转型策略。

第二步的关键输出是根据业主方和技术咨询方的综合调研，达成数字基础设施的构成生态以及预算，在此基础上明确云地环境的规划预算和步骤，承载的应用开发的预算和步骤，以及组织配套的变革的预算和步骤。

数字化教育创新协助组织数字化转型以及创新加速，通过提供敏捷的业务创新平台、成熟的管理咨询量表工具，搭载研运一体工具链，提供数字化转型和创新的方法和途径并支撑转型和创新的最新技术，支撑数字化迁移以及保证业务的连续性。

顾问咨询：输出全球主流组织采用的创新机制，制定企业数字化策略和实施路线图。

大规模迁移：评估、设计、实施企业存量应用系统向AWS的平稳迁移。

安全与合规：评估、设计云端的安全与合规性运营规范和自动化。

运营整合：设计混合环境下的运营规范和自动化。

持续运营：评估和指导企业向研发运营一体化转型，包括机构、流程和工具。

应用优化：协助和指导企业构建微服务、无服务器等云原生应用。

业务连续：基础架构的保证以及容灾和双活。

大数据分析：协助企业选择应用场景、设计模型和算法，在AWS上部署和优化大数据分析、商务智能的计算和存储平台。

物联网：协助企业设计创新的物联网应用场景，在AWS上部署物联网平台，并与分析、机器学习等高级服务相结合。

人工智能与机器学习：协助企业运用机器学习、人工智能技术与服务设计和实施创新的业务应用。

支持主流生态（AWS、阿里、微软、腾讯等）的混合云的云地工具集。

第三步：教育应用生产平台实施运营与应用开发

无论是数字转型的设计咨询，还是数字基座的建立和数字转型的技术实施，实际落地实施都要求有充分经验的实施工程队伍参与，具备科创中心和知识管理经验的团队，按照可控、安全、高效、持续的目标建设和运营。庚商 18 年来服务于 100 多个科研和工业企业用户，汇集了 2000 多个案例，积累了丰富的经验和运用建设基础方法论和技术平台，并可以与甲方一起完成建设、服务、交接。FDCIC 科研应用生产运营，采用复旦大学常年合作的庚商成熟团队和技术架构，同时也是拥有主流技术平台 AWS、华为、微软、阿里、腾讯运营能力和经验的队伍。按照庚商运营管理模型，进行运营与应用开发，并支持以往的乙方已开发的软件应用，并且持续支持为未来乙方自由选择的开发提供标准和接口服务。

第三步的关键输出是在数字平台的基础上，实施、运营和应用开发的分析、设计和开发要求步骤，以及技术生态接口的处理方式。

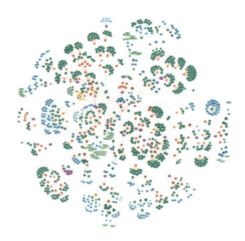

数字化运营生产技术框架

教育组织：实现教育系统的平台保证，组建人员、团队，组织层级管理，并根据基础数据构建组织建制和流程业务，构建教育组织建制和支撑数据结构，将组织的资源进行对象化、封装化、容器化，实现资源数字化；与业务数据、组织建制进行对接，通过建制、图谱等工具，建立起业务系统的结构化、模型化、图谱化、流程引擎化，实现基础设施服务化、教育生产调度可视化，实现从输入到输出的业务孪生。

知识库：构建教育数字化的核心知识数据支撑，对科研数字化知识信息进行大规模的收集和分类，纳入统一数据管理，通过全文检索、分类查询等，完成知识体系的搭建。

数据中心：构建教育数据中心，将相关知识库、基础数据、业务数据、实验数据以及配套数据等，以数据维度定义和数据字典定义，统一完成数字科研的数据中心的建设。

数字科研平台：通过三网、三中心、三平台技术架构，融合大数据、人工智能、物联网信息技术手段，构建科研业务数字化服务平台，围绕科研业务聚合科研相关的人员、资金、仪器设备、科研成果等资源；提供项目管理、仪器服务、评审考核等关键业务活动支持，提供成果、专利、获奖等关联绩效输出，以及提供建制与多维图谱工具，为组织构建基于团队、人员、研究主题、资源的知识图谱，也为组织的科研业务提供有效的帮助。

项目管理：科研项目管理以其目标及任务为驱动，构建科研价值链。按照科研规律，以平台为支撑，通过对仪器开放、实验数据、对接引用查询、成果输出统一汇聚，构建循环迭代的流水线，驱动科研项目的运行过程，并对科研管理的成本输出进行整体管控并实现消息实时传递，不断改进科研成果。

数据治理：数字化的数据治理，围绕科研工作数据的平台支撑，构建科研活动数据的全栈思维方式，以科研信息数字化过程、科研信息数据化过程、科研数据中台信息化过程、数据通讯及 ETL 实践实现大数据应用以及科研的数据治理及安全治理，最终通过成熟度模型的迭代改进，实现科研价值数据应用。

评估及评审：教育与教研项目的评估及评审包括新建评审、评审指标设置、总成绩查询、填报评审资料、评审打分等环节。

运行管理：搭载平台化运营生产，各司其职构建平台流程、再造优化机制，通过生产、项目、区域、产品化、开发一体化，稳定运行，迭代优化。公司为保证客户项目的正常运转，组建专业团队来进行技术支持，对所有纳入服务的项目提供 7×14 小时的在线服务。

后记

教育为茧，学生为蛹，数字是光

人类进化到高度智慧的文明，语言和文字起到了至关重要的作用，而概念是语言和文字的核心，个体学习者一方面得意于概念而高效地掌握真理和接近真理，另一方面又受困于苏格拉底所说的"观念之网"而形成必然的信息茧房。同样，人类的学习最早来自于个体和自组织，随着国家的形成和现代化的进展，教育越来越体现为国家意志、长期规划和文明基础架构，在这个教育之网和茧房中，创新和学习如何发生，一直存在矛盾：一方面，教育奠基了全社会的架构基线；另一方面，创新社会所需要的个体的和天性的释放和培养越来越在智能和数字化时代作为人最重要的价值。数字化及其生态和平台，为教育和学习的矛盾、共性和个性的冲突提供一种可能性，而这种可能性也有赖于数字化基座的全社会人，尤其是教育人的共同构建。本书《数字时代的教育转型》，从数字化时代的教育系统、教育技术生态、教育数字化与数字化教育、数字时代的教育转型等方面，讨论教育和学习过程中的茧、蛹、蝶变和数字技术驱动力及学生内在驱动力之光的相互关系。

本体存在与信息茧房

我们先从比基尼的发明这件美学事件，来看看人类欣赏高层次的美的过程有多艰难。考古发现，在公元前 1400 年，古希腊已经有普遍的类似于今天比基尼的服装了。到了公元前 4 世纪，男性裸体雕像非常普遍，很可能由于一次偶然的资金问题，才有了第一个女性的雕像《阿芙洛狄忒》，这个时候，女神像也开始有裸体的了。女神像的裸体并不意味着女人也可以裸体，更不意味着可以画女神的裸体绘画，但并不能阻碍人们到神庙里面欣赏裸体的《阿芙洛狄忒》。这种欣赏和罪恶感伴随了人们 2000 年，并且多数时间被埋在地下，直到文艺复兴。《维纳斯的诞生》是一幅展现女神裸体的画，女神裸体并不意味着一个具体的人可以裸体。直到有钱任性的威尼斯商人开始把美投射到身边的邻居和自己的爱人身上。画家提香（Tiziano）在 1538 年第一次通过《乌尔比诺的维纳斯》这幅画，将女人的身体美用艺术来表达。到了 1863 年，有了马奈（Manet）的《草地上的午餐》这幅画，男人和女人可以坦然地以身体相见；上一次相见还是在几千年前，虽然亚当和夏娃也没有穿衣服，但是这种罪恶感要用几千年时间才能消除。1946 年，法国的路易斯·里尔德（Louis Reard）开始不用绘画和艺术手段，而用现实来表现女人的美，这一年人类历史上第一个青春版的穿着比基尼的身体终于出现在海滩上了。

人们以为仅仅是胆子问题，不断有艺术家受此鼓舞，试图把女性遮拦的位置不断变小，但适得其反。除了冲突和反对之外，在"审美茧房"中生存了几千年的人们，并不认为彻底解放身体是一件很美的事情。审美这个东西很奇特，如果茧房不存在了，"维纳斯"也就不存在了，一切解放的结果就是望向窗外的期待和想象没有了，反而不是一件美的事情。至少在 21 世纪初这个审美环境下，对绝大多数存在的本体来说是这样的。于是，比基尼让人充满对美的幻想和期待，也许是比基尼的形状更有审美茧房的指向，也许是普遍的人类还没有进化出除去隐私幻想之外更高层次的审美，反正真的活人还是不能如同女神一样全裸。

平衡态与信息茧房

谈到信息茧房的本体与存在，我们首先回顾给信息和信息论以启发的热力学定律。在热力学中有一个很重要的概念就是熵增原理：一个装满纯净气体的瓶子，不考虑密度原因，如果时间足够长，气体会释放出进入外部空间更加混乱的存在，也就是扩散。在信息学上，信息熵这个概念与热力学中的熵增原理概念等价。熵增是普遍规律，在一个不断做功的环境中，会有一个平衡态，从一个平衡态进入到另外一个平衡态，需要另外的能量和环境的切换。为了维持这种平衡，能量与信息有一个等价的规律，就是密度信息和能量需要吸收高能的价值并释放更低价值来维持平衡。生物学家也发现食物链最优的能量和基因规律，是食用与自己最相近的并且低一层的能量来源，这样作为上述平衡原理的一个应用，吸收能量和营养信息就不必从最低的能量和信息重新开始。低一等级的食物最合适，高了消化分解不了，平级容易造成中毒，太低价值密度不够。尽可能地吸收更高能的价值，从生命到信息的衰减是不可避免的，作为一种信息现象，学习与教育也是如此。所谓读万卷书、行万里路，是用高密度的信息价值对抗熵增，达到平衡态。从食物链到信息链，启示我们只能在一定程度上维持高水平的平衡，因而要不断地做功，比如深度阅读、体系阅读、理性阅读、长期严肃阅读就像食用高蛋白。一方面，本体只有不断地做功才能维持平衡，要不然就会熵增，变成热寂；另一方面，新的平衡态，一定要重视外力或者偶然性的作用。正如《阿弗洛狄忒》的诞生是因为资金问题、某个天才的诞生是因为某种疾病、我们的诞生是父母的爱以及人类的哺乳期和教育期超长造成了我们能够不断吸收信息和能量从而比其他生物长寿和智慧，这些都是外力或者变异的不平衡导致的。新的平衡需要对等的多余熵增来对冲，但是一旦达到平衡态了，就仍然需要自己做功。即使这样，也还是避免不了毒素的增加和线粒体端粒的不断减少而最终导致生命的解体，这就是熵增的规律。

教育是一个平衡态的信息茧房，学习过程就是个体维持熵增的过程，学习与教育通过此过程维持宏观与微观的动态平衡。

创新与信息茧房

人类进化到今天，并不是全部食用次密度价值的食物，还会食用价值能量密度很低的蔬菜与水果来稳定食物构成，以防止高密度食物的短期缺乏。人类的学习行为不同于动物，不但有遗传，还有大量的教育，要延续很长时间，这种延长使得经验这种东西逐渐变得珍贵，人的寿命就显得额外重要。人类延长寿命的过程也不是一天发生的，人这种动物不同于狮子、老虎，不仅仅吃牛羊肉，还吃大量的蔬菜水果。在这个过程中，人类丰富的味觉和高级欲望被发展起来，形成了新的价值体系和平衡。这种价值体系的一个体现就是多种虚拟的欲望和价值也发展起来，欲望是魔鬼，是变异，也是创新。那么，传统社会的数字化创新又是如何发生的呢？创新就是外力、就是变异，但是在传统的社会里面，变异的代价非常大，我们每个个体可能无法承受。有一本书叫《病者生存》，指出每一种病就是一种天才，每一种天才就是大概率的痛苦，创新是分子，痛苦是分母。对于信息茧房来说，创新与变异就是杂音，就是低能量的蔬菜水果。如果说，我们维持一个生命体正常的能量过程是摄入蛋白质、脂肪和碳水化合物的话，数字生态中就要允许一定比例的蔬菜、水果、自身不能合成的氨基酸存在，也要允许不同种类的食物的个性体现出来，甚至逐渐演化出来的食物不是人类的弹性需求，而是基本的供给。而对美味的体验，成了创新的要求和数字平台上信息茧房的新式样。那么，数字生态里面的创新，就有了以下的模型：你要吃肉，因为有最低的蛋白质含量要求；你要吃鱼，就要钻入各种茧房，寻找烹调师傅去尝试个性化的制作方法；你要是想成为美食家，试着培养变异的鱼类，就需要承担创新的代价。

从格律到韵律：教育为茧，学生为蛹

我们先看教育的存在。从生育的角度看教育，生育的目的是自身基因的复制，这个框架下维持与自身基因竞争优势的结构平衡是大自然的筛选；从抚育的角度看教育，抚育是族群信息资产相似性的复制与结构平衡；从养育的角度看教育，养育过程是一种经济学上的借贷轮回，用生命最强阶段的能力来换取智力最强阶段的回报，只有这方面实现平衡的物种得以延续到现在；从群体、国家的角度看教育，作为一个长期的信托责任，教育的存在剥夺了家庭和个体短期的自由，换取了免费和公共福利，这种情况下以建制为纲。无论是从生育角度、抚育角度、养育角度，还是从群体、国家的角度看待教育，教育都具有共性、基线、结构性、稳定性、宏观性、公平性。而学习的存在，是基因自然携带的，是基于冲动与激素、个体与兴趣、个性与微观、场景与环境、自由与发展、碎片化与短期化、天才与天性的，教育更像茧，保护并限制个性，学生更像蛹,不断希望长出翅膀,突破信息的茧房。

数字时代的教育与学习的关系,有点儿像诗词格律。它继承了与诗词等价的组织演变:从直线制度、职能制度、矩阵制度、球队组织、平台组织动态地演变成适应各种情绪和韵律的柔性生态,以组织的严密性、信息的沟通形成支持结构,并将大量重复性、简单劳动交给刚性和强制性的建制,而将天性、个性、创造性交给学习的人,在这种情况下,组织与平台主管格律,个人与智慧主管韵律。

数字化的刚性与柔性得以形象体现的一个典型的例子就是贝索斯(Bezos)的"问号"。作为亚马逊的创始人,贝索斯以"暴君"著称。举个例子,贝索斯把他自己的邮箱交给全世界的用户,他一旦发现有牵一发动全身的结构性问题,以一个"问号"邮件转发给某个员工,这个员工面对的就是针对问题流程的刚性的"霸权"。贝索斯通过深入到具体问题、客户、场景的基因邮件系统,渗透到组织的每个毛细血管,等到这个问题处理好、追踪到所有的问题、回溯到所有组织、交好答卷、回复最高领导,又完成了一个数字化组织如同变形虫般的自我平衡态的重新调整。在自动化时代,班级、课程、考试、铃声、学期是刚性的架构;在信息化时代,高考、计划、考核、筛选、专业、评估是刚性的架构;面对数字之光,学生作为蛹要展翅;面对存在主体的茧房,教育与学习是矛盾的吗?我们的局长、校长、处长以及这个教育体系中作为毛细血管的师长,从教育到学习,是要转型的,是要从格律到韵律,展现一体两面的存在。

教育是茧房,规定了学习的格律;学习是作诗,破茧而出才是韵律。在这个转变过程中,教育发生了什么、学习发生了什么、技术提供了什么、面对问题能够解决什么、转变过程中要注意什么,是需要思考的问题。